中国古代旅游

王 俊 编著

中国商业出版社

图书在版编目（CIP）数据

中国古代旅游 / 王俊编著. -- 北京：中国商业出版社，2016.12

ISBN 978-7-5044-9683-6

Ⅰ.①中…　Ⅱ.①王…　Ⅲ.①旅游-中国-古代　Ⅳ.①F592.9

中国版本图书馆 CIP 数据核字 (2017) 第 001880 号

责任编辑：常　松

中国商业出版社出版发行
010-63180647　www.c-cbook.com
（100053 北京广安门内报国寺 1 号）
新华书店经销
三河市同力彩印有限公司
*
710×1000 毫米　16 开　15 印张　255 千字
2017 年 9 月第 1 版　2017 年 9 月第 1 次印刷
定价：45.00 元
* * *
（如有印装质量问题可更换）

《中国传统民俗文化》编委

主　编　傅璇琮　著名学者，原国务院古籍整理出版规划小组秘书长，清华大学古典文献研究中心主任教授，原中华书局总编辑

顾　问　蔡尚思　著名历史学家，中国思想史研究专家
　　　　卢燕新　南开大学文学院副教授
　　　　王永波　四川省社会科学院文学研究所副研究员
　　　　叶　舟　中国思维科学研究院院长，清华大学、北京大学特聘教授
　　　　于春芳　北京第二外国语学院教授
　　　　杨玲玲　西班牙文化大学文化与教育学博士

编　委　陈鑫海　首都师范大学中文系博士
　　　　李　敏　北京语言大学古汉语古代文学博士
　　　　赵　芳　出版社高级编辑，曾编辑出版过多部文化类图书
　　　　韩　霞　山东教育基金会理事，作家
　　　　陈　娇　山东大学哲学系讲师
　　　　吴军辉　河北大学历史系讲师
　　　　石雨祺　出版社高级编辑，曾编辑出版过多部历史类图书
　　　　王　欣　全国特级教师

策划及副主编　王　俊

序 言

中国是举世闻名的文明古国,在漫长的历史发展过程中,勤劳智慧的中国人,创造了丰富多彩、绚丽多姿的文化,可以说人创造了文化,文化创造了人,这些经过锤炼和沉淀的古代传统文化,凝聚着华夏各族人民的性格、精神、智慧,是中华民族相互认同的标志和纽带。在人类文化的百花园中摇曳生姿,展现着自己独特的风采,对人类文化的多样性发展作出了巨大贡献。中国传统民俗文化内容广博,风格独特,深深地吸引着世界人民的眼光。

正因如此,我们必须深入学习贯彻十八届三中全会精神,按照中央的规定,加强文化建设。2006年5月,时任浙江省委书记的习近平同志就已提出:"文化通过传承为社会进步发挥基础作用,文化会促进或制约经济乃至整个社会的发展。"又说:"文化的力量最终可以转化为物质的力量,文化的软实力最终可以转化为经济的硬实力。"(《浙江文化研究工程成果文库总序》)今年他去山东考察时,又再次强调:中华民族伟大复兴,需要以中华文化发展繁荣为条件。

学习习近平同志的重要讲话,确可体会到,在政治、经济、军事、社会和自然要素之中,文化是协调各个要素协同发展、相关耦合的关健。正因为此,我们应该对华夏民族文化进行广阔、全面的检视。我们应该唤醒我们民族的集体记忆,复兴我们民族的伟大精神,发展和繁荣中华民族的优秀文化,为我们民族在强国之路上阔步前行创设先决条件。

实现民族文化的复兴，更必须传承中华文化的优秀传统。现代中国人，特别是年轻人，对传统文化十分感兴趣，蕴含感情。但当下也有人对具体典籍、历史事实不甚了解，比如说，中国是书法大国，谈起书法，有些人或许只知道些书法大家如王羲之、柳公权等等的名字，知道《兰亭集序》是千古书法珍品，仅此而已。再比如说，我们都知道中国是闻名于世的瓷器大国，中国的瓷器令西方人叹为观止，中国也因此而获得了"瓷器之国"（英语 china 的另一义即为瓷器）的美誉。然而关于瓷器的由来、形制的演变、纹饰的演化、烧制等等瓷器文化的内涵，就知之甚少了。中国还是武术大国，然而国人的武术知识，或许更多地来源于一部部精彩的武侠影视作品，对于真正的武术文化，我们也难以窥其堂奥了。我们还是崇尚玉文化的国度，我们的祖先，发现了这种"温润而有光泽的美石"，并赋予了这种冰冷的自然物以鲜活的生命力和文化性格，例如"君子当温润如玉"，女子应"冰清玉洁"、"守身如玉"；"玉有五德"，即"仁"、"义"、"智"、"勇"、"洁"，等等。今天，熟悉这些玉文化的内涵的国人，也为数不多了。

也许正有鉴于此，有忧于此，近年来，已有不少有志之士，开始了复兴中国传统文化的努力，读经热开始风靡海峡两岸，不少孩童乃至成人，开始重拾经典，在故纸旧书中品味古人的智慧，发现古文化历久弥新的魅力。电视讲坛里一波又一波对古文化的讲述，也吸引着数以万计的人们，重新审视古文化的价值。现在放在读者眼前的这套"中国传统民俗文化丛书"，也是这一努力的又一体现。我们现在确应注重研究成果的学术价值和应用价值，充分发挥其认识世界、传承文化、创新理论、咨政育人的重要作用。

中国的传统文化内容博大，体系庞杂，该如何下手，如何呈现？这套丛书处理得可谓系统性强，别具心思。编者分别按物质文化、制度文化、精神文化等方面来分门别类地进行组织编写，例如在物质文化的层面，就有中国古代纺织、中国古代酒具、中国古代农具、中国古代青铜器、中国古代钱币、中国古代石刻、中国古代木雕、中国古代建筑、中国古代砖瓦、中国古代玉器、中国古代陶器、中国古代漆器、中国古代桥梁等等。

在精神文化的层面，就有中国古代书法、中国古代绘画、中国古代音乐、中国古代艺术、中国古代篆刻、中国古代家训、中国古代戏曲、中国古代版画等等；在制度文化的层面，就有中国古代科举、中国古代官制、中国古代教育、中国古代军队、中国古代法律等等。

此外，在历史的发展长河中，中国各行各业还涌现出一大批杰出的人物，至今闪耀着夺目的光辉，启迪后人，示范来者，对此，这套丛书也给予了应有的重视，中国古代名将、中国古代名相、中国古代名帝、中国古代文人、中国古代高僧等等，就是这方面的体现。

生活在21世纪的我们，或许对古人的生活颇感好奇，他们的吃穿住用如何？他们如何过节？如何安排婚丧嫁娶？如何交通？孩子如何玩耍？等等。这些饶有兴趣的内容，这套中国传统民俗文化丛书，都有所涉猎，例如中国古代婚姻、中国古代丧葬、中国古代节日、中国古代风俗、中国古代礼仪、中国古代饮食、中国古代交通、中国古代家具、中国古代玩具、中国古代鞋帽等等，这些书籍介绍的，都是人们深感兴趣，平时却无从知晓的内容。

在经济生活的层面，这套丛书安排了中国古代农业、中国古代纺织、中国古代经济、中国古代贸易、中国古代水利、中国古代车马、中国古代赋税等等内容，足以勾勒出古人经济生活的主要内容，让今人得以窥见自己祖先曾经的经济生活情状。

在物质遗存方面，这套丛书则选择了中国古镇、中国古楼、中国古寺、中国古陵墓、中国古塔、中国古战场、中国古村落、中国古街、中国古代宫殿、中国古代城墙、中国古关等内容。相信读罢这些书，喜欢中国古代物质遗存的读者，已经能大致掌握这一领域的大多数知识了。

除了上述内容外，其实还有很多难以归类却饶有兴趣的内容，例如中国古代的乞丐这样的社会史内容，也许有助于我们深入了解这些古代社会底层民众的真实生活情状，走出武侠小说家们加诸他们身上的虚幻不实的丐帮色彩，还原他们的本来面目，加深我们对历史真实的了解。继承和发扬中华民族几千年创造的优秀文化和民族精神是我们责无旁贷的历史责任。

不难看出，单就内容所涵盖的范围广度来说，有物质遗产，有非物质遗产，还有国粹。这套丛书无疑当得起"中国传统文化的百科全书"的美誉了。这套书还邀约了大批相关的专家、教授参与并指导了稿件的编写工作。

应当指出的是，这套书在写作中，既钩稽、爬梳大量古代文化文献典籍，又参照近人与今人的研究成果，将宏观把握与微观考察相结合。在论述、阐释中，既注意重点突出，又着重于论证层次清晰，从多角度、多层面对文化现象与发展加以考察。这套丛书的出版，有助于我们走进古人的世界，了解他们的美好生活，去回望我们来时的路。学史使人明智。历史的回眸，有助于我们汲取古人的智慧，借历史的明灯，照亮未来的路，为我们中华民族的伟大崛起添砖加瓦。

是为序。

傅璇琮

2014年2月8日

前 言

旅游，是一个诱人的字眼，因为它意味着愉悦，表现着欢乐，象征着幸福。它是人类为丰富自己的生活所奉行的一种特殊方式，是为满足自己的物质和精神欲求所开展的一项开放性活动。

远在混沌初分、人猿始离的洪荒时代，我们的祖先便踏上了这一条融力与美于一体的、颇富浪漫情调的人生之途——"黄帝游翠沩之川。""仓颉为帝，南巡狩，登阳虚之山，临于元扈洛汭之水……""伯禹观于河……""夏侯氏孔甲，田于东阳山"等等，不一而足。

在我国古代历史中，重耳、孔丘、苏秦、屈原、张骞、司马迁、谢灵运、郦道元、法显、玄奘、李白、苏轼、汪大渊、郑和、袁宏道、徐霞客、魏源……他们组成整齐雄壮、逶迤连绵的旅行家队伍，而且还以自己审美而又创美的举动，开辟了人类历史的进程——从朦胧难觉的前夜（原始）到迹近神话的滥觞（三代）；从表为功利的勃兴（周秦）到发扬蹈厉的进程（秦汉）；从著尽风流的场景（魏晋）到雄放浩荡的洪流（隋唐）……

回顾中国古代的旅游生活，除了可以更为真切地了解许多生动具体的历史事实之外，又能够看到一幅幅绚丽多彩的风俗画卷，领略其中隽永幽婉的意趣风致。

从远古时代的部落联盟酋长的巡行，春秋战国时期的宫廷贵族旅游，秦汉时期的帝王巡游，魏晋南北朝时期的特色旅游，隋唐时期的宗教旅游宋元时期文官的宦游和山水之旅，明代文人和文官的徜徉山水、"尽游玩之适"的独抒性灵，到近代走出国门、前往西方考察和留学的跨国之旅，构成了中国旅游史的发展主脉，自然也是本书主要描写的对象。

本书以社会文化发展为背景，在详尽收集、查阅、整理材料的基础上，对每个时代的旅游作出深透、科学的分析，史论并重，抓住重心，主次分明，突出每个时代的不同特色。

阅读本书，对广大旅游爱好者来说，无疑是一次内容丰富、角度多样的历史畅游。

本书堪称是一个大型的旅游文化生活饕餮盛宴。

目 录

第一章　中国古代旅游的产生

第一节　古代旅行与旅游概念 ………………………………… 002

原始社会人类的旅行 ………………………………… 002
早期人类社会的发展与旅行 ………………………………… 002
古代旅游活动的出现 ………………………………… 005
古代旅游概念的产生 ………………………………… 006

第二节　较早出现的旅游活动 ………………………………… 008

炎黄部族迁徙 ………………………………… 008
虞舜探幽历险 ………………………………… 010
大禹治水之旅 ………………………………… 012
周穆王西行 ………………………………… 013

第二章　古代旅游基本知识

第一节　古代旅游的准备 ………………………………… 016

旅游行程日期的选择 ………………………………… 016
古代旅游的行装与旅费 ………………………………… 017

第二节　古代的旅游方式……………………………………021
　　步行旅游……………………………………………………021
　　骑行旅游……………………………………………………023
　　乘车旅游……………………………………………………025
　　乘船旅游……………………………………………………026

第三节　古代旅游的行李与行具……………………………028
　　旅游行囊与行橐……………………………………………028
　　旅游行縢与行缠……………………………………………029
　　旅游其他随身行具…………………………………………031

第三章　春秋战国时期的旅游

第一节　宫廷贵族旅游………………………………………034
　　外交朝聘与"秦晋"之旅…………………………………034
　　帝王游猎之旅………………………………………………037
　　宫廷游览之旅………………………………………………038

第二节　士大夫的文化旅游…………………………………040
　　游学之旅……………………………………………………040
　　游说之旅……………………………………………………042

第四章　秦汉魏晋时期的旅游

第一节　秦汉时期旅游的发展………………………………048
　　帝王巡游……………………………………………………048

海上探险 ·· 053
　　西域之旅 ·· 055

第二节　秦汉时期的文化旅游与游宦 ························· 060
　　司马迁的文化旅游 ·· 060
　　汉代的游宦 ·· 064

第三节　秦汉旅游资源的开发 ·································· 066
　　广开游路 ·· 066
　　开发名山 ·· 068
　　秦苑汉宫 ·· 070

第四节　魏晋南北朝时期的特色旅游 ························· 073
　　玄游 ··· 073
　　仙游 ··· 075
　　佛游 ··· 079

第五节　秦汉魏晋时期的旅游制度 ···························· 081
　　秦汉旅行制度 ··· 081
　　宵禁、关禁与通行证制度 ································ 083
　　秦汉旅游风俗 ··· 085
　　魏晋南北朝的旅行制度 ·································· 087

第五章　隋唐宋元时期的旅游

第一节　隋唐时期的旅游大发展 ······························ 092
　　经济繁荣下旅游的发展 ·································· 092

隋唐时期的旅游潮 ·· 095
宗教旅游的盛行 ·· 098
活跃的国际旅行 ·· 101

第二节　宋元时期旅游活动的新发展·························· 105

大开放的海陆交通 ·· 105
兴盛发达的宋代旅馆和酒楼 ······································ 108
著名的中外大旅行家 ·· 110
新兴的园林、宗教建筑 ··· 117

第三节　隋唐五代宋元的旅游制度································ 120

隋唐五代宋元旅游制度 ··· 120
隋唐五代宋元旅游风俗 ··· 124

第六章　明清时期的旅游

第一节　别开生面的明朝旅游···································· 128

郑和下西洋 ··· 128
陈诚西行 ·· 133
文人游乐 ·· 135
科考之旅 ·· 137

第二节　多元辉煌的清朝旅游···································· 140

帝王之旅 ·· 140
遗民之旅 ·· 143
文士之旅 ·· 144
放逐边疆的流人之旅 ··· 146

第三节　明清旅行制度与风俗 ················ 147
明清旅行制度 ································· 147
明清旅行风俗 ································· 150
明清骑乘风尚 ································· 152

第七章　古代旅馆发展变化与管理

第一节　古代旅馆的产生发展历程 ················ 156
西周行宫苑囿的出现 ··························· 156
春秋战国的旅馆 ······························· 157
秦汉时期的旅馆 ······························· 159
魏晋时期的旅馆 ······························· 161
隋唐时期的旅馆 ······························· 162
宋元时期的旅馆 ······························· 163
明清时期的旅馆 ······························· 165

第二节　古代旅店的管理 ····················· 168
古代旅店的住宿制度 ··························· 168
古代旅店的纳税制度 ··························· 170
古代城市旅馆区制度 ··························· 171
官店和皇店 ··································· 172

第八章　中国古代旅游出行工具

第一节　古代陆路出行工具 ···················· 176
马 ··· 176

驴、骡 …………………………………………… 177
　　牛 ……………………………………………… 179
　　轿 ……………………………………………… 180
　　骆驼 …………………………………………… 182
　　马车 …………………………………………… 183

第二节　古代水路出行工具 ………………………… 186
　　筏 ……………………………………………… 186
　　独木舟 ………………………………………… 187
　　明轮船 ………………………………………… 189
　　帆船 …………………………………………… 191
　　龙舟 …………………………………………… 193
　　海舶 …………………………………………… 194
　　宝船 …………………………………………… 194

第九章　古代旅游文学与经典作品

第一节　古代游记文 ………………………………… 198
　　古代游记文发展简述 ………………………… 198
　　古代游记文的写作特征 ……………………… 203

第二节　古代旅游诗词 ……………………………… 207
　　旅游诗词与旅游 ……………………………… 207
　　古代旅游诗词的范围 ………………………… 209
　　古代旅游诗词概观 …………………………… 212

参考书目 …………………………………………… 221

第一章
中国古代旅游的产生

　　了解中国古代的旅游状况,不但需要对旅游的产生与发展做必要了解,还要弄清楚旅游的起源、发展的历史渊源、背景和条件。最初的"旅游"并不是现代所谓的为娱乐、休闲而进行的旅行活动,而是为了生存。

第一节 古代旅行与旅游概念

■ 原始社会人类的旅行

人类早期的社会生活，物质十分贫乏，其主要的社会活动就是在原始生态环境中从事采集和游猎。在这一最原始的社会活动中，由于人类的基本生存活动和不断增长的需求，他们走出资源取用不足的周边，开始了大自然的三维空间的旅行，因此远足、登临采集和游猎旅行成为原始人类的生存和生产的基本方式。那时，人类的旅行是群体性的，也不存在私有观念。那时的旅行还不能称为"旅游"，旅行者进行旅行是为了生存和获取食物，而现代意义的旅游是为了娱乐、休闲而进行的活动。因此，原始旅行中出现的食、宿现象也就不属于旅馆范畴中的食、宿内容。

■ 早期人类社会的发展与旅行

早期人类社会中，历史上出现过三次重要的社会大分工，对当时社会进步发挥了巨大的推动作用。神农氏时代第一次原始耕作和渔猎大分工的过程促进了劳动组织的进步，改善了劳动生产率，开始有了劳动剩余物，出现了劳动剩余物交换现象。《周易·系辞下传》记载有神农氏时"日中为市，致天下士民，聚天下之货，交易而退，各得其所"的事实，但这种"日中为市"的"市"仅仅是一种定期交换劳动剩余物的场所，还不具有商业的性质。

原始社会后期的第二次大分工，将手工制作与土地耕作分离开来，这个时候技术进步

▲ 原始人类的生活场景

在社会的发展中也开始发挥作用，劳动生产率得到了较大提高，劳动剩余物的交换也得到了进一步发展，手工制作开始从自给自足性质转变为为交换而制作的性质。中国历史上第一个国家——夏代的建立，是中国社会发展过程中划时代的大进步，技术上出现了青铜器的制作，私有财产瓦解了原始共产公社制度，劳动剩余物交换得到了进一步发展。夏代属龙山文化系统，龙山文化分布区域很广，东自山东、西至陕西、北至辽宁东南部、南至浙江。从遗址中出土的夏代生产工具种类繁多。从技术精工程度看，这些遗物已经不完全是劳动剩余物，其中有些已经是工匠贡献给劳动剩余物占有者的贡品，有些可能是为交换而生产的产品。

商代有了金属制作的生产工具，产品生产也就比前代丰富得多，产品交换逐渐从邻近地区向更远的地区扩展，于是产生了长途异地交换的需要。以物品交换的商贩旅行开始出现。商代出现的社会第三次大分工，将产品交换从农耕劳作和手工劳作中分离出来。产品交换的频繁使得从事产品交换活动的人多了起来，除了有自由民身份的商贾外，还有更多专门为官府奴隶主从事手工劳作和产品交换活动的"工商食官"（《国语·晋语》）。产品交换在商代成为一种专门"行业"，成为社会上普遍的经济现象。"商人重贾"的传说和出土遗物都证实

商代有了"商人"这个名词的出现。商贩旅行的出现和产品长途异地交换的需要，促进了旅馆的出现和运输工具的发展。

远地产品的交换带来了贝币的产生，商代使用的大量贝币来自东海。今藏上海博物馆的殷商饕餮纹鼎，上面刻有象人担贝于船的铭纹，就是商人用贝币换货的佐证。商代频繁的商贩旅行带来了旅行者商旅安全的问题。《周易》中的《旅》卦，是周人为商旅者设计的专卦，以占卜商旅者在旅行途中安全与否。如《旅·六二》中"旅琐琐，斯其所其灾"，说小商贩旅行时缺少随从，在途中歇脚时容易遭他人的攻击而出现灾祸。《旅·九三》中"旅焚其次，丧其童仆"，说商贩者居住的旅馆被火烧了，失去其奴仆，等等。商贩旅行促使了旅馆的产生，商旅旅途安全问题的提出则促进了旅馆的发展。

中国古代人类旅行的概念最早出现在《周易》中。《周易》中《旅》卦的卦辞说："旅，小亨；旅，贞吉。"亨即通畅的意思。卦辞的含义是以旅行取得通达顺畅。《象传》就这个含义作了解释："旅小亨，柔得中乎外而顺乎刚，止而丽乎明。是以'小亨旅贞吉'也。"意思是说旅行是一种中正之道，体现于一种坚决的行动，目的是附丽于光明的所在。在《周易》六十四卦中，二十九卦含有旅行内容。全部卦、爻辞涉及一般旅行的条目有百余条。如果加上游猎、出入、往来、涉水、待客、作客、商旅、迁徙等就有220个条目，相当于其他内容条目的总和。例如：

《需》卦：有孚光亨贞，吉。利涉大川。（通顺、光明、亨美、平正；利于涉大河。）

《随》卦：官有渝，贞吉。出门交有功。（政事如有失败、出去旅行会得到好处。）

《坎》卦：有孚唯心，亨。行不尚。（处身凶险，只要心地诚实、善良，出去旅行会得到报偿。）

《大畜》卦：良马遂，利艰贞，日闲舆卫，利有攸往。（驾上四匹好马拉的车子去旅行，道路尽管艰险，仍会很顺利的。）

这些卦多为对出行和旅途凶吉的占卜，从中可以看出当时旅行活动的频繁，人们对旅行的认识，以及在当时的自然和社会条件下，人们对旅行的审慎态度和对旅行概念的理解。

■ 古代旅游活动的出现

为娱乐、休闲而进行的旅行活动才能构成真正意义上的旅游。随着生产力的发展和物质资料的增加，在维持生存的需要之外，人类开始有了剩余物资、时间和精力，源于生产方式的娱乐活动则相应产生和出现。保存在殷商甲骨卜辞中的大量的商代王室活动史料表明，渔猎在商王朝时已成为皇室贵族最常见的娱乐内容，殷商卜辞中记载游猎的内容极多。陈梦家的《殷墟卜辞综述》中说："卜辞中所有关于田猎的记载，都是时王为逸乐而行的游田，并无关乎生产。"朱芳圃的《甲骨学商史编》也有："当时的渔猎，确已成为游乐的行事……"田猎作为中国古代原始旅游活动的开端，伴随着人类在生产实践之外基于对大自然的观察、认识，以观光游览为目的而产生的游猎旅游活动也在殷商时代相应产生。

■ 古代旅游概念的产生

"旅游"一词,最早见于六朝。沈约《悲哉行》:"旅游媚年春,年春媚游人。"这里的"旅游"是指由个人意志支配,以游览、游玩为目的的旅游,与以功利性为目的的旅游不同。

原始人没有这种区别。原始人的迁徙、探险,虽然含有旅游的因素,但本质上仍是原始人基于生产和生存的体现方式。原始人在迁徙、探险过程中所滋生的游览自然的愿望,虽然也包含着旅游意识的萌芽,但本质上仍是原始人生产意识和生存意识的延续。因此,在低下的原始思维和贫乏的原始语言中,尚无专指旅游或区分旅行种类的符号或标记。而神话典籍时或使用的"征"字、"游"字,应是后人补缀的字眼。

殷周时期,旅行开始有类别的基本概念。殷周时期的人习惯用"旅"字专指商旅(当时最活跃的一种旅行)。因为"旅"本身就有"行走"之意,而且"旅"常被假借为"庐",而"庐"有"寄居"之义,所以"旅"也有"寄居"之义,而"寄居"正是旅行中的一个内容。早期商旅者主要是在临时搭起的草棚子里寄居,所谓"中田有庐"。因此,"庐"和"旅"便成了商业旅行的专称"庐旅"。其他旅行也有一些术语,如婚旅称为"归",《诗经·周南·桃夭》:"之子于归,宜其室家。"军旅称为"征",《诗经·豳风·破斧》:"周公东征,四国是皇。"《说文》曰:"征,正行也。""正行"即征讨杀伐之行。天子视察称为"巡",《说文》:"巡,视行也。"举族或举国远徙则称为"迁",《尚书·盘庚迁》:"盘庚迁于殷,民不适有居。"凡此种种虽不一而足,但同于或近于现代"旅游"的概念仍未出现。

东周,旅行分类更加清晰。除了沿用殷周以来的说法,以"旅"

称商旅，以"征"称军旅，以"归"称婚旅，以"巡"称天子之旅，以"迁"称迁徙之旅外，并用"游"字来表达相当于现代"旅游"的概念。如游猎可以称"游"，游览可以称"游"，游玩可以称"游"，一般的郊游也可以称"游"。《礼记·少仪》说："游于艺。"又说："游于说。"则游学、游说等亦可称"游"。之所以如此，是因为游猎、游览、游学、游说等活动可以使人们亲身体会到它们虽内容有异、各具特色，但都是为个人感情、志向服务的自由快乐的旅行，因而将它们归于一类，统称为"游"。"游"的提出，说明东周人已经有了比较明确的旅游范畴，并对旅游活动有了概念上的理解，能够把旅游和商旅、聘旅、行役等功利性质的旅行区别开来。

随着各种旅行与旅游活动的出现，旅途中的食宿就越来越为旅行者们所重视。从5000多年前的黄帝到清代，中国古代众多离宫、别墅、苑囿就是为各代皇家贵族娱乐旅游提供食宿、娱乐的场所。《山海经》中有"帝俊竹林"的记载，虞夏时称为"虞"的官吏专司帝王游乐时的食宿。《孟子·梁惠王下》说"周文王有苑囿七十里"，并有专司饮食、住宿服务的官吏。"郑恒公东会封于郑，暮舍于宋东之逆旅"。《诗经·大雅·公刘》中记述了公刘从邰迁豳的食宿情况：

笃公刘！……京师之野，于时处处，于时庐旅，于时言言，于时语语。笃公刘！于京斯依。跄跄济济，俾筵俾几……执豕于牢，酌之用匏。食之饮之，君之宗之……笃公刘！于豳斯馆……止旅乃密，芮鞫之即。

春秋战国时期帝王诸侯游乐时"饮食甚厚，声乐甚大，台榭甚高，苑囿甚广"（《荀子·王坝》），有"晋侯兄见郑伯……仍筑诸侯之馆"，等等。足以说明具有食宿功能的场所在中国古代早期旅行、旅游娱乐和政治外交活动中的地位与作用。

第二节　较早出现的旅游活动

■ 炎黄部族迁徙

我们只知道炎帝、黄帝和蚩尤是中华民族的祖先，部落首领，但同时他们也是开创旅游或旅行活动的先祖。

相传炎、黄两帝本是同根生的兄弟部落，同是"有熊国君，少典氏之子"（《史记·五帝本纪》）。他们原先生活在大西北的昆仑山区，后来，同时或先后离开山区。炎帝部落迁居陕西岐山东面，这里就是炎帝族发祥之地。黄帝迁居陕西北部，这里是黄帝族发祥之地。蚩尤是九黎族的首领。九黎族原系居住在我国东部的夷人部落，他们最早进入我国中部地区，活动范围广，东至海，南达安徽中部，西南达河南东南部，北到山东东南和北部。后与炎黄两部落发生争夺战争，部分九黎族南下与南方土著苗蛮部落混居，蚩

▲ 炎帝像

尤也就成为南方苗蛮的祖先。

炎黄两部落在东迁陕西定居的过程中，生产也由游牧转变为从事农业生产，开始驯养家畜，种植作物。此后，他们开始向外发展，寻找平坦的芳草地。炎帝部落从陕西南部沿渭水东下，再顺黄河向东，抵达河南西南和山东地区。炎帝姜姓，号神农氏。黄帝从陕西北部东迁，沿北洛水南下至陕西大荔、朝邑县，便东渡黄河，顺中条山和太行山边，又向东北迁徙，抵达今山西省南部黄河之滨，最后定居于河北涿鹿附近。黄帝姬姓，号轩辕氏、有熊氏，统率姬、酉、祁、已、滕、箴、任、荀、僖、儇、姞、依等12个氏族或胞族。他和炎帝是父系氏族社会最强大的部落首领，也是氏族迁徙的开创者、颇具开拓精神的旅行代表。他们不甘父系氏族社会低下的生产和生活水平，为了使人们生活得更美好，决心告别发祥之地，远涉他乡，去寻找和争夺美丽富饶的芳草地，于是，形成了中国旅游史上以寻找和争夺芳草地为目的，以氏族集体迁徙为形式的原始社会的旅行活动。

炎黄两部落进入我国中部地区时，与先行来到的九黎族发生冲突，展开长期的斗争。先是九黎族获得胜利，炎帝族被迫逃往涿鹿。后来炎帝族联合黄帝族，与九黎族战于涿鹿之野。蚩尤败逃至山东盐池，终被黄帝身首分离，故该地名解县，盐池又名解池。九黎族一部分留居中原，加入炎黄族，另一部分则南下荆楚之地，与苗蛮混居，于是，蚩尤也被苗蛮认作祖先。涿鹿之战后不久，炎帝与黄帝之间又发生冲突，在坂泉（今河北怀来县）大战三次，炎帝失败，诸部落"尊轩辕为天子，代神农氏，是为黄帝"（《史记·五帝本纪》）。从此，炎黄两族与部分九黎族（即夷族）融合一体，定居中原，共同开发黄河中下游中原大地，建立了中华民族大家庭，并使这里成为我国古代文化的摇篮。

炎黄部族经过两次寻找芳草地的部族迁徙旅行，把活动舞台从山区搬往平原，经过一段时间的发展和建设，成为经济、文化发达的强大部落。这里原本农畜牧业就较发达，人们过着"日出而作，日入而息"以农业定居为主的生活，炎黄部族的到来，使之更加发达。但是，在原始社会，农业定居决非稳定性的结构，其表现为部族频繁迁徙。造成迁徙的主要原因，首先是"刀耕火种"低下的生产水平、不可抗拒的自然灾害和向往美好生活的愿望，这一切都促使部族背井离乡，弃旧图新，四处迁徙，寻找美丽肥沃的陌生荒原重建家园。同时，超越采集和狩猎经济的原始农业经济又促使人口增长、部族壮大，迫使他们谋求远方宽广的农业新定居点，成为部族频繁迁徙的新因素。此外，土地的需要和财富积累而引发的部族之间或部族联盟之间掠夺性战争，导致失败部族远走他乡。

■ 虞舜探幽历险

相传唐尧禅位于虞舜，舜是经历了考核才取得继承资格的。据记载："尧使舜入山林川泽，暴风雷雨，舜行不迷。尧以为圣……尧乃知舜之足授天下。尧老，使舜摄行天子政，巡狩。"(《史记·五帝本纪第一》)尧崩三年后，舜曾让位于尧子丹朱，但"诸侯朝觐者不之丹朱而之舜，狱讼者不之丹朱而之舜，讴歌者不讴歌丹朱而讴歌舜"（《同上注》）。可见舜如若没有入于山林而不迷的探幽历险本领，那么无论诸侯、

▲ 虞舜像

狱讼者和讴歌者都不会承认他、信任他，他也不能摄政取得天子之位。

将探幽历险作为继承部落联盟首领所具备的主要条件，是与社会发展和思想认识水平相适应的，这表明在阶级社会产生前夜，由于生产力的发展，剩余财产的增多和积累，向外发展探索外部世界，开辟和建设新的生活环境成为历史进步的标志。"帝舜弹五弦之琴，以歌《南风》，其诗曰：'南风之熏兮，可以解吾民之愠兮。南风之时兮，可以阜吾民之财兮。'"（《绎史》卷十《尸子》）正是这种探索要求和必要性的表现。它与"黄帝、尧、舜垂衣裳而天下治……刳木为舟，剡木为楫；舟楫之利，以济不通……服牛乘马，引重致远，以利天下……断木以为杵，掘地为臼；臼杵之利，万民以济"（《易·系辞》），道理一样。随着生产和生活条件的改善，人们欲求逐渐扩大，眼光进一步拓展，思维也进一步敏锐，日益认识到探幽历险对社会发展和历史进步的重大作用。

舜身体力行，常常外出巡视江河，治理山川，开拓疆土。舜在帝位39年，在外出巡视时，不幸"崩于苍梧之野。葬于江南九疑，是为零陵"。

《山海经》曰："苍梧山，帝舜葬于阳，丹朱葬于阴。"尧子丹朱也安葬于此山，想必丹朱也曾来苍梧山留下行迹。据《史记·五帝本纪第一》，舜父瞽叟因爱后妻所生之子象，常欲杀舜，在舜崩后象也来到这里，为舜而耕，后人在此建有象庙。从此之后，苍梧大地、八百里洞庭水和"白银盘里一青螺"——君山，深深地铭刻在中原人民心中，引来了多少帝王将相和文人骚客的行迹：秦始皇迁囚徒三千，伐木砍竹，阴刻"封山印"；汉武帝祀虞舜于九疑；吕洞宾来此洗脚与吟诗；刘禹锡、程贺等把酒吟诗赞君山……

■ 大禹治水之旅

公元前四百年前,当"尧之时,洪水横流,泛滥于天下,草木畅茂,禽兽繁殖,五谷不登,禽兽逼人。兽蹄鸟迹之道,交于中国"。这场特大的水灾持续了22年之久,"蛇龙居之,民无定所,下为巢者,上为营窟"(《孟子·滕文公下》及其上)。洪水如同猛兽一般割裂了山川和岛屿,高地和山陵,分成了洲陆岛屿和江河海洋,人类不得不往高地而居,而那些毒蛇猛兽为了躲避洪水,也往高处蹿去,搞得人们天天提心吊胆,不能安心度日。于是,大禹开始治水之旅,望解救被洪水围困的人们。

《史记·夏本纪》记载,大禹"陆行乘车,水行乘船,泥行乘橇,山行乘檋",在外十三年,三过家门而不入,足迹几乎遍及黄河、长江两大流域。终于,洪水消除,九州安定,实现"四海会同""九州攸同"。到了晚年,大禹仍经常出外巡视,最后在会稽(今绍兴)病故。

大禹治水所进行的旅行活动,是我国原始人类为征服自然、改造自然而进行旅行活动的高峰。虽然,它尚未脱离生活的被迫性,不属于真正意义上的旅游,但却为后人旅游活动的开展留下了一笔珍贵的历史文化遗产。

▲ 大禹治水图

周穆王西行

《左传》上记载:"昔穆王欲肆其心,周行天下,将皆必有车辙马迹焉。"《穆天子传》也说,穆王东行二亿二千五百里,西行一亿九千万里,南行一亿七百里,北行二亿多里。这固然不足为信,但却反映了周穆王酷爱长途旅行的事实。

最富有传奇色彩的是周穆王西行。据说,有一天周穆王做了个梦,梦中名叫"化人"的人邀请他去化人国旅行。于是,穆王选了一个吉祥的日子,从成周(今洛阳市东南)启程,任用善于养马、驾马的造夫为车夫,乘坐由骥、温骊、骅骝、绿耳等八匹骏马拉的车,由七队勇士护卫,沿太行山西侧北进,再折向西渡黄河至西宁,经过今青海省东南的积历山脉,到达昆仑山。穆王登上昆仑山颠,游览"黄帝行之宫",拜见西王母,并把带去的礼品珍珠宝石奉献给西王母,宾主欢聚一堂。据分析,西王母可能是当时一个正处于母系社会的部落首领。之后,穆王又沿叶尔羌河北上到达巴基斯坦的瓦罕,最后回到喀什东归。

穆王西行,共历时两年有余,行程三万多里,游历了今河南、山西、河北、内蒙古、青海、甘肃、新疆等地,一直到达今天的中亚地区。其所走路线,与七百年后汉代张骞通西域时基本一致。周穆王西行,是一件彪炳史册的壮举,他本人也不愧为我国早期的大旅行家。

知识链接

史上最早的关卡和旅行身份证

西周时,周王在边境线上设有十二个关。这也许是中国最早的关卡。到春秋战国,因诸侯纷争,各国在地形险要、交通要道筑关设卡,进行严密稽查,以作军事守卫、经济征税和社会控制之用。人们想要通过这些关口非常不易。当年,商鞅就是因为闯不过关而被捕车裂;楚国伍子胥,在逃往吴国时,据说因出不了昭关,一夜愁白乌发。过关不易,平时居家行走也不可随便。管仲时期,齐国实行"问伍制",把居民一伍一什编组安置在一个个闾(里)中,不许随意走动,进行严格管制。

为过关卡,西周时期国人迁徙或外出旅行时,必须事先申请领"符传"。这是中国古代最早的旅行身份证。"符传"只能使用一次,用完马上归还。不仅旅途中随时有人查验证件,过关卡、城门等处,或宵禁、戒严时,行人一定得主动交验"符传",否则作非法通行处理,最轻也得押送到城狱(圜土)强制劳动一年至三年。在京畿关门和京师城门,稽查特别严格,除旅行者受盘问外,甚至一般居民日常行走也有种种规定。

先秦关卡制度和旅行身份证制度,对后世影响深远。以后历代旅行者必须携带通行证,并主动接受检查的规定,不仅从未废弃过,而且还不断经修改被推广执行。

第二章
古代旅游基本知识

中国传统社会生活在许多方面都表现出浓重的东方神秘主义的色彩。其中与旅游生活相关的某些礼俗，也具有这样的特点。古人在踏上旅途以前，有若干需要认真遵行的礼仪规范，有些规范曾经长期成为社会生活的某种定式。我们通过对这一现象的分析，可以了解旅游在古人精神生活中的意义。

第一节　古代旅游的准备

■ **旅游行程日期的选择**

古时有出行占卜择吉的风习，体现出人们对旅游生活开始时心理准备上的庄重和严肃。

古人用火烧灼龟甲或兽骨，根据裂纹的走向来预测未来的吉凶，叫"卜"；又有用蓍草测问吉凶的，叫"筮"。

据说古时帝王有"五年一巡狩"的制度，必须先卜问出行吉凶，五年五卜，连续得到吉兆才可以启程。《左传·襄公十三年》说："先王卜征五年，而岁习其祥，祥习则行，不习则增修德而改卜。"如果不能卜得吉兆，则应当进一步修养德行，推行德政，再重新卜问。

古代有旅游择吉的形式。择吉，就是选择吉日，如《史记·封禅书》中所说的"择吉月日"。

这种慎重择定出行日期的民间习俗，有着非常悠久的历史。

尽管战国秦汉时代是交通事业得到空前发展的历史阶段，然而在战国晚

▲ 成都金沙遗址出土的卜甲

期至秦统一初，人们的出行活动受到的多方面限禁，已经体现于当时社会民俗文化的若干现象之中。考察中国古代的旅游生活，不能不注意这样的历史背景。

刊行于明朝天启年间的短篇小说集《喻世明言》，卷一是"蒋兴哥重会珍珠衫"。其中写道，蒋兴哥新婚，正是男欢女爱、难分难舍之时，"一日间想起父亲存日广东生理，如今担阁三年有余了，那边还放下许多客帐"，"欲要去走一遭"，对妻子说，"我夫妻两口，也要成家立业，终不然抛了这行衣食道路？如今这二月天气，不寒不暖，不上路更待何时？"于是"拣了个上吉的日期"，"两下掩泪而别"。这里所谓"拣了个上吉的日期"，其实正是民间注重旅游择吉风俗的写照。

《儒林外史》第十九回"匡超人幸得良朋 潘自业横遭祸事"说，匡超人"正要择日回家"，又被友人邀到酒店吃酒。这里所说的"择日"，也是指择定旅游的吉日。可见旅游择吉，在民间确实是十分普及的风习。这种传统民俗，直到近世仍然有相当广泛的影响。曾经在社会上普遍通行的《皇历》（又称作《黄历》）中，常常可以看到明确规定某日"宜出行"、某日"忌出行"的内容。

■ 古代旅游的行装与旅费

旅游启程之前，应当进行必要的物质准备。为了满足旅游需要而准备的东西，曾被称为"装"或者"行装"。

早在先秦时代，"装"或者"行装"对于旅游的意义已经受到重视。《战国策·齐策四》记载，冯谖为孟尝君往薛地收债，"约车治装，载券契而行"。《史记·越王勾践世家》记载，勾践灭吴之后，范蠡"乃装其轻宝珠玉"，和他的亲信徒属"乘舟浮海以行"，从此不再返回，后来定居于陶，成为巨富。他的少子曾远行楚地，"乃装黄金千溢，置褐器中，载以一牛车"。即曾经以黄金千镒作为行资，盛放在粗劣的器具中，用一辆牛车装载。《史记·魏公子列传》记述魏公子无忌的事迹，说他留居赵国期间，与平原君意见相左，以为"其不足从游"，"乃装为去"。《史记·樗（初）里子甘茂列传》又记载了甘罗12岁即说服秦相吕不韦，得以承当赴燕国任国相的大任，终于"令装治行"的故事。

司马迁笔下还有其他类似的记载，例如《刺客列传》说，燕太子丹在做好谋刺秦王嬴政的各种准备之后，"乃装为遣荆轲"。《南越列传》记载，南越王胡对天子使者说："胡方日夜装入见天子。"《孝武本纪》也记载，方士栾大"治装行，东入海"，去寻求他的老师。

这里所说的"装"，一般是说"行装"。有时，"装"又与"治装"的意义相近，也就是指旅游需作的准备。

在一般情况下，"行装"应当多选择携带方便，而且可以随处用以交换的物品，范蠡"乃装其轻宝珠玉"的一个"轻"字，正体现了这样的原则。

秦汉时期多有"装"或"行装"数额惊人的史例。旅游费用偏高，可能与重农抑商的政策导向有关。这一现象势必会对旅游生活在社会生活总体中的作用产生消极的影响。

有人解释"装"亦即"行装"，以为只是出行时"所携带的衣物"。这种理解其实是不确切的。《后汉书·杜林传》记载，在西汉末年的社会大动乱中，杜林等人率领自己的家族由关中远行，"俱客河西"避难，"道

▲ 古代钱币

逢贼数千人，遂掠取财装，褫夺衣服"。可见"装"或"行装"与"衣服""衣物"，概念不能等同。"财装"连称，也可以帮助我们理解其真实意义。《晋书·魏咏之传》说，魏咏之家居任城（今山东济宁），准备远行荆州（今湖北江陵），往投荆州刺史殷仲堪帐下，然而"贫无行装"，"遂赍数斛米西上"。可以以米作为"行装"，可见以为"行装"即旅游"衣装"的理解是不确切的。

以"装"或"行装"称旅游之资的说法，后世依然存在。例如，《警世通言》卷三二"杜十娘怒沉百宝箱"写道："前出都之际，假托众姊妹相赠，箱中韫藏百宝，不下万金，将润色郎君之装，归见父母。""装"的意义是较为明确的。此前赎身时，杜十娘曾对李甲说："此银一交，便当随郎君去矣。舟车之类，合当预备。妾昨日于姊妹中借得白银二十两，郎君可收下为行资也。"而李甲"正愁路费无出，但不敢开口，得银甚喜"。这里所谓"行资""路费"其实和"装"的意义是相近的，而下文说到的"船钱""轿马之费"等，都应当包括在其中。

"行资"一说的应用，是相当普遍的。如《太平广记》卷四六二引南朝宋刘义庆《幽明录》："明旦，船欲发，云：'暂上，取行资。'"北魏人杨衒（绚）之《洛阳伽蓝记》卷五"城北·凝圆寺"写道：宋云与惠生曾经"割舍行资"，在山顶建造了一所"浮图"。

对于这种旅游生活的费用，大致从宋元时代起，民间俗语又称之为"盘缠"。

《清平山堂话本》卷三"杨温拦路虎传"："要归京去，又无盘缠。"《京本通俗小说》卷一二"西山一窟鬼"："又没甚么盘缠，也自羞归乡里。"《五代史平话·梁史》卷上："望家乡又在数千里之外，身下没些个盘缠。"此外，如《争报恩三虎下山杂剧》楔子："要回那梁山去，怎奈手中无盘缠。"又如《便宜行事虎头牌杂剧》第二折："再得我往日家缘，可敢赍发与你些个盘缠。"

值得注意的是，"盘缠"一语在用以指旅游生活费用的同时，往往也指一般日常生活费用。"盘缠"，民间又有"盘川""盘程""盘费"等不同的说法。

例如，《老残游记》第一回"土不制水历年成患风能鼓浪到处可危"写道："其先他的父亲原也是个三四品的官，因性情迂拙，不会要钱，所以做了二十年的实缺，回家仍是卖了袍褂做的盘川。"又如《儒林外史》第三十三回"杜少卿夫妇游山迟衡山朋友议礼"："他这番盘程带少了，又多住了几天"，"叫了一只船回南京，船钱三两银子也欠着。""盘川"和"盘程"可能都是"盘缠"的音转。"盘费"则与"盘缠"完全相同，也有旅游生活费用和一般日常生活费用的双重含义。"盘费"作为民间习用语而兼有两种含义，应当与"盘缠"相类同，都反映当时某些社会阶层旅游生活之重要，在他们的日常生活中，已经压倒了其他多种生活内容的地位。

第二节　古代的旅游方式

中国古代旅游方式，随着时代的进步而有所演进。由于交通地理条件的区别以及社会身份的差异，也使得古人的旅游方式表现出富于多样化的特征。

■ 步行旅游

《山海经·海外北经》记录了这样一则远古神话："夸父与日逐走，入日。渴欲得饮，饮于河、渭。河、渭不足，北饮大泽。未至，道渴而死，弃其杖，化为邓林。"这位名叫"夸父"的神话英雄追逐太阳，终于追上了太阳，灼热干渴，于是饮于黄河和渭水，而河、渭不足饮，又欲北饮大泽，然而没有抵达目的地就渴死在途中，他所遗弃的手杖，化作了桃林。

通过传说中夸父的故事，我们可以推想传说时代早期旅游生活的实况。夸父执杖奋行于大野的形象，反映步行是当时陆路旅游的基本形式。

远古先民们经历了极其漫长的历史时期才完成了旅游方式的第一次具有重大意

▲ 夸父逐日图

义的进步，即车辆的发明和畜力的开发。

根据《世本》所记录的远古传说，车辆是奚仲发明的。《说文解字·车部》也说，"车，舆轮之总名也，夏后时奚仲所造。"《管子·形势》也说到"奚仲之巧"。《左传·定公元年》又说，奚仲在夏代任"车正"之官。很可能车辆的最初出现早于奚仲。"服牛乘马"的最早记录，则见于《周易·系辞下》。大致在此之前，一切文明创造在陆蹈的传播，都是通过徒步旅游实现的。

即使在旅游方式发生重大变革，体现出历史性的显著进步之后，徒步旅游仍然在相当长的时间内作为社会旅游的主体形式显示出重要的历史作用。甚至在比较先进的旅游方式已经相当普及之后，某些社会阶层仍旧只能徒步旅游。

孔子最喜爱的学生颜渊去世，颜渊的父亲因家境贫困，请求孔子卖掉他的乘车以置棺椁，遭到孔子的拒绝。孔子说："吾不徒行，以为之椁。以吾从大夫之后，不可徒行也。"（《论语·先进》）强调自己如若"徒行"，则违背了"礼"。可见当时具有一定身份的人出行必须乘车，已经形成礼制规范。《礼记·王制》说："君子耆老不徒行。"则强调一种以年齿为界定的等级差别。

战国时代的大论辩家苏秦，是以徒步旅游开始他游说列国的事业的。《战国策·秦策一》说他当初"赢縢（滕）履，负书担橐，形容枯槁，面目犁（犁）黑"。然而一旦他的主张得到君主响应，则拥有"饰车百乘"（《战国策·赵策二》）。司马迁在《史记·苏秦列传》中这样描述他成功时的显赫："佩六国相印"，"行过洛阳，车骑辎重，诸侯各发使送之甚众"，其声威拟于王者，甚至周天子也不得不有所敬畏，匆忙打扫道路，又派专人远迎慰劳。由"徒步"起而后得势的类似情形，又可见《汉书·公孙弘传》所谓"起徒步，数年至宰相封侯"，《旧唐书·书狐楚牛僧孺萧俛（免）李石列传》所谓"起徒步而升台鼎"，《明史·孔克仁传》所谓"汉高起徒步为万乘主"等。

在古代文献中，"步行"的形式往往受到特别的注意，是因为对于上层社会来说，这是一种反常的旅游方式。

西汉名相蔡义起初任职大将军莫府，"家贫，常步行"（《汉书·蔡义传》）。汉宣帝时，盖宽饶身居司隶之要职，"子常步行自戍北边"（《汉书·盖宽饶传》）。东汉时期，李固少年时"常步行寻师，不远千里"，被作为勤苦好学的典范事迹（《后汉书·李固传》）。杨震任涿郡太守时，据说"子孙常蔬食步行"（《后汉书·杨震传》）。《三国志·魏书·崔林传》又说，崔林被曹操任命为邬县地方行政长官时，"贫无车马，单步之官"，即步行前往任所就职。

我们应当看到，徒步旅游生活尽管充满艰难辛劳，然而在古代中国，长期以来都是一种极其普通的旅游方式。历史上较大规模的旅游活动，如远征、行役、迁流、罪徙等，大多都以步行为主。或许正因为如此，步兵又称作徒甲、徒兵、徒卒，役人又称作徒士、徒役、徒夫，罪囚又称作徒孥、徒囚、徒隶。

■ 骑行旅游

战国时期，已经多有"带甲百余万，车千乘，骑万匹"（《史记·张仪列传》）的军事强国。《孙膑兵法·八阵》说道："易则多其车，险则多其骑。"交通条件便利则多使用车兵，交通条件困厄则多使用骑兵。骑兵的兴起，标志着交通事业的重大进步。因战争的刺激而实现的骑乘形式的普及，对于改善旅游条件也具有不容忽视的重要意义。

项羽被刘邦军围困于垓下，陷于四面楚歌的绝境时，唱道："力

▲ 古代砖雕

拔山兮气盖世,时不利兮骓不逝。"骓,是项羽时常骑乘的著名战马。乌江亭长迎其东渡,项羽因"与江东子弟八千人渡江而西,今无一人还",无颜面见江东父老,拒绝登船,然而却对亭长说:"我骑此马五岁,所当无敌,尝一日行千里,不忍杀之,以赐公。"(《史记·项羽本纪》)自己甘愿苦战而死,却令战马得救。这一故事,可以生动地说明骑乘形式当时在军旅生活中的意义。

汉代民间骑乘已经相当普及。据说"众庶街巷有马,阡陌之间成群",甚至骑乘母马的人往往受到排斥而不允许参加社交聚会。

顾炎武作为明末清初著名的思想家和爱国学者,是通过多年艰辛劳碌的旅游实践,来从事社会调查,总结历史经验,进行学术研究,发起政治批判的。全祖望《亭林先生神道表》介绍顾炎武生平贡献时说:"凡先生之游,以二马二骡,载书自随。"骡,大约也兼用以骑乘和驮负。

旅游生活中以骡作为骑乘对象的历史,已经相当悠久。汉武帝时代的著名方士李少君,据说死后百余日,又曾骑青骡行游于河东郡蒲坂地方。李贺《马诗》于是有"少君骑海上,人见是青骡"的名句。据《太平御览》卷九〇一引"三国典略"记载,魏晋时期,已有人"乘骡游于公卿门,略无惭色",而兵争诸战例中,也可以看到战败遁走,"弃马山谷,乘骡而去"的故事。南朝人评判书法风格,已经有"书如骑骡,骎(侵)骎恒欲度骅骝前"的说法(《南史·王僧虔传》),可见当时民间骑骡旅游已经相当普遍。《太平广记》卷一三引《神仙传》

又说到成仙公"乘白骡西行"的故事，据说"时人谓先生乘骡于武昌冈，乃改为'骡冈'"，其地在桂阳郡西十里。

有关汉代社会生活的史籍中已经可以看到时人骑驴的记载。魏晋时代，阮籍被任命为东平相，据说是"骑驴到郡"上任的（《晋书·阮籍传》）。东平国在今山东东平。洛阳至东平的距离，以现今公路营运线路里程计，长达464公里，可见"骑驴"的方式，当时已经开始应用于长途旅游中。据《魏书·常景传》记载，东魏孝静帝天平初年，曾诏令收百官马，于是尚书丞郎以下如果不是陪从皇帝者都不得不乘驴而行。《全唐诗话》写道，唐懿宗咸通年间，由于进士车服多僭逾制度，严令禁止骑马，于是当时场中不下千人，"皆跨长耳"，有人遂作诗嘲讽道："今年敕下尽骑驴，短辔长鞦（秋）满九衢。"

■ 乘车旅游

宋代诗人梅尧臣的《依韵和张中乐寺丞见赠》诗写道："朝车走辚辚，暮车走辘辘。黄埃蔽车轮，赤日烁车屋。"真切描绘了乘车旅游的情景。

乘坐车辆旅游，是一种可以使旅人减少劳困，而且效率也比较高的旅游方式。

乘车旅游的形式起源相当早。传说时代的帝王黄帝，后来被尊奉为中华民族的始祖，他的名字就叫"轩辕"。"轩辕"的本意，是指车辀（舟），也就是车辕。这说明从远古时代起，车辆的作用就已经受到重视。夏禹千里奔走，"陆行乘车"，可能是最早的乘坐车辆旅游的历史记录。

周穆王是著名的喜好远游的君王。《史记·秦本纪》说，秦人的祖先造父为周穆王驾车，系用骏骥之驷，游历西方极远之地，"乐而忘归",后来因徐偃王在东方发起叛乱,于是"长驱归周,一日千里以救乱"。同一史事,《史记·赵世家》又写道:"西巡狩,见西王母,乐之忘归",而徐偃王反,于是"日驰千里马,攻徐偃王,大破之"。西晋初年,在汲郡一座战国时期魏王的陵墓中发现了一大批珍贵的古代典籍,其中比较完整地留传至今的只有一部——《穆天子传》。《穆天子传》一书较为具体地记述了周穆王西行的过程。据说,周穆王会见西王母之后,又继续远行,到达大旷原。他西行的极点,许多学者认为是吉尔吉斯草原,有人甚至认为已经抵达欧洲中部。

早期用于旅游的车辆,其形式和质量除了力图满足这种所谓"日行千里"的行驶速度的要求以外,还特别注重使旅游生活尽可能地安全与舒适。《说文解字·车部》写道:"辒,卧车也。"又说:"辌,卧车也。"唐代学者颜师古为《汉书·霍光传》作注释时,也说道:"'辒辌',本'安车'也,可以卧息。"此外,民间较为普及的上有帷盖的"輻车",据说用于远程旅游时也可以作为卧车。可以卧息的乘车的出现,为便利长途旅游生活创造了条件。

秦汉时期,商人往往"连车骑,游诸侯,因通商贾之利",纵驰大队车骑,往来各地,谋取商业利润。某些巨富甚至因为拥有"轺车百乘,牛车千两(辆)",社会地位得与贵族相当。他们所谓"转毂以百数,贾郡国,无所不至"(《史记·货殖列传》)的以车辆作为主要交通工具的经济活动,当然是与旅游生活相联系的。

■ 乘船旅游

湖北云梦睡虎地出土的秦简《日书》中,可以看到关于"行水"的内容。"行水"和一般的"行"是有所区别的。所谓"行水"或者"船行",是有别于陆路旅游的通行于江河湖海水域的水路旅游。

筏，是取竹木等物编制而成的简易的水上交通工具。四川新都出土的汉画像砖有江上行筏的画面。《北堂书钞》卷一三五引《东观汉记》说："吴汉平成都，乘筏从江下。"这种航运工具长期

▲ 古人江上行筏图

被应用于民间旅游生活中。杜甫《奉送崔都水翁下峡》诗："无数涪江筏，鸣桡总发时。"可知江筏往往结为大队顺流浮行。清人黄宗炎《屯溪至渔亭》诗也曾经写道："竹筏清溪逆水牵，鱼游常在镜中天。"可见也有逆水行筏的情形。碧天晴日，清溪游鱼，乘筏旅游的幽致意趣，宛然呈现在诗句之中。查慎行《建溪棹歌词》其二："问渡亭前齐阁櫂，竹簰（排）撑入武溪来。"又如《从屯溪坐竹筏至休宁县》诗："江路西来尽，轻装称竹船。"也都说明这种旅游方式在水乡的普及。

汉代学者刘向曾经这样说："乘舆马不劳致千里，乘船楫不游绝江海。"（《说苑·说丛》）又说："游江海者托于船，致远道者托于乘。"（《说苑·尊贤》）显然，"乘船楫"，从很早以前起，就是与"乘舆马"相并列的最重要的旅游方式之一。

所谓"航船"，宋明以来一般是指大体定期行驶的，多用以载运旅客的船舶。例如宋人赵彦卫《云麓漫钞》卷六所说："今浙西临流州县，凡载旅游之舟，谓之'航船'。"

明清时代有专门运载单人旅客的航船，"一舟止载一人，不附他客，谓之'单装'"。运费大致有固定的标准，由浔阳（今江西九江）到武昌大约用钱三贯，正如徐世溥《楚谣》中所说："武昌只索钱三贯，双桨'单装'任往还。"

第三节　古代旅游的行李与行具

旅游之人随身携带的物品，因经济条件以及旅游路途、旅游方式、旅游地域、旅游季节等诸因素的不同而各有异。

■ 旅游行囊与行橐

古人在旅游生活中，常常用"囊"和"橐"来携带日用物品。

从居延出土汉代简牍所提供的汉代社会生活史的资料看，当时经历长途旅游来到西北边地的中原人，往往用这些东西盛装随身必备的生活用品。因其中盛装物以及物主和质料的不同，我们可以看到"泉（钱）橐""衣橐""私衣橐""布橐""私橐""官布橐""私布橐""革橐""衣装橐""币橐""裘练（袜）橐"等命名。

研究发现，这种"橐"是经过长途旅游来到西北边防的役人用来放置私人物品的。一般由军营统一收管，然而以私印加封，确定所有关系，可能是待服役期满时再交还本人，也可能是在平时办理一定手续之后取用。

一般远来戍卒多携有"布橐"。用皮革制作的所谓"革橐"在旅游中也得到广泛使用。

《诗经·大雅·公刘》说到旅游时携带"糇粮"，"于橐于囊"的情形。一般解释说，"橐"和"囊"都是盛装物品的袋子，"橐"

的容量较小，而"囊"的容量稍大。也有人说，无底的叫"橐"，有底的叫"囊"。可是在年代较晚的资料中，又多有把旅游时装钱的袋子叫作"行囊"的。如白居易的《渭村退居》诗所谓"尘埃常满甑，钱帛少盈囊"，以及所谓"阮囊羞涩"一语，其实起初也源出于行囊装钱的古习。

旅游携带行囊，是非常普通的现象。《易林》说："千载旧室，将有困急，荷粮负囊，出门直北。"又如曹操《苦寒行》："担囊持取薪，斧冰持作糜。"贡师泰《送洪元成赴静江治中》诗："莫怜投老多辛苦，万里行囊有豹韬"，都说到在旅游生活中行囊几乎是必备之物。行囊又称作装囊。《盆部耆旧传》记载，杜成行于路，拾到旅游之客遗失的"装囊"，打开检视，看到里边有锦二十五匹，于是原封不动，送缴官府，一时传为佳话。

■ 旅游行縢与行缠

古人徒步旅游有使用绑腿布的习俗。

《诗经·小雅·采菽》说到"邪幅在下"的旅游装束。汉代学者郑玄解释说："邪幅，如今行縢也。"形式是用布紧紧裹束小腿，从膝部一直到足部，所以称作"在下"。汉代人刘熙《释名·释衣服》说，这种旅游装束的作用在于逼束腿脚，因而"可以跳腾轻便也"。这种装束自刘熙的时代起就已经又有"行縢"之称。这种装束在民间沿用年代非常长久，顾炎武《日知录》卷二八说道，"今之村民"往往使用这种绑腿布而不着袜，为"古之遗制也"。

陆游《夜话赠华师》诗："犹能便参在，为我买行縢。"清人王士禛《池北偶谈》卷十三"谈艺三"记刘公勔（勇）《寄友人绝句》："寄语江南老桑苎，秋山紫蕨忆行脯。"又如赵翼《亿生乞假南归》诗："自是名流怜臭味，相思何日办行縢。"都说明这种旅游装束在民间长期流行。

由于这种装束在旅游生活中较普遍，以至于被用来指代旅游活动本身。例如，清人程思泽的《索炬叹》诗就写道："官符夜下鸠丁男，明日行縢舁贵官。"说官府夜间紧急征召壮丁，令次日出行为官员抬舁轿舆。这种劳役内容，也被称作"行縢"。

"行滕""行縢"，又叫作"行缠"。《乐府诗集》卷四九"清商曲辞六"有无名氏《双行缠曲》，其中写道："新罗绣行缠，足跌如春妍。他人不善好，独我知可怜。"这是以是否美观的尺度评议"行缠"，并不涉及其实用效能。隋人杜宝的《大业杂记》也说道，隋炀帝乘龙舟远行扬州，"其引船人普名殿脚一千八百人，并着杂锦彩装袄子、行缠、鞋袜等"。"行缠"用彩色杂锦装饰，用意也主要是从美观出发。《宣和遗事》亨集也写道："急点手下巡兵二百余人，人人勇健，个个威风，腿系着粗布行缠，身穿着鸦青衲袄，轻弓短箭。"看来，作为古代兵士军装形式的"行缠"是极其引人瞩目的。而由此我们也可以推知这种便于长途跋涉的装束在民间旅游中已经得到普遍应用。

《水浒传》第三回"史大郎夜走华阴县鲁智深拳打镇关西"讲述史进远行，离别少华山朱武山寨时的情景：

史进头戴白范阳毡大帽，上撒一撮红缨，帽儿下裹一顶浑青抓角软头巾，项上明黄缕带，身穿一领白纻丝两上领战袍，腰系一条揸五指梅红攒线搭膊，青白间道行缠绞脚，衬着踏山透土多耳麻鞋，跨一口铜钹磬口雁翎刀，背上包裹，提了朴刀，辞别朱武等三人。众多小喽啰都送下山来。

《水浒传》第十二回"梁山泊林冲落草汴京城杨志卖刀"描绘杨志远途旅游中的形象,也说到他"下面青白间道行缠,抓着裤子口,獐皮袜,带毛牛膀靴"。看来,"行缠绞脚"已经是当时旅游之人的标准装束。

■ **旅游其他随身行具**

在民间实际旅游生活中,一般人大多只能携带最必要的随身行具。对于这种随身行具的形制,人们往往只提出简易、方便而且实用的要求。

手杖,是最普及的随身行具。

在夸父追日的远古传说中,"与日逐走"的神行英雄夸父"弃其杖,化为邓林"(《山海经·海外北经》),说明"杖"很早就已经应用于旅游生活中。秦汉之际的陆贾在《新语》一书中论述明主必须任用圣贤的道理时说,"履危者任杖不可以不固","任杖不固则颠"。而"圣贤",就是君主可以依恃的"杖"。

对于徒步旅游来说,鞋具有至为重要的意义。

从居延汉简所见远地戍卒的衣物清单看,他们脚上穿用的多是"革履""布履""枲履"。"枲履",也就是麻鞋。而许多资料则反映,古人旅游生活中最为普及的是"芒鞋"。《梁书·儒林列传·范缜》记载,范缜家在南乡郡舞阴县(今河南省社旗东),而远赴沛郡(今安徽濉溪)求学,就读积年,往返于两地之间,始终"芒屫(决)布衣,徒行于路"。此外,又如苏轼《宿石田驿南野人舍》诗:"芒鞋竹杖自轻软,蒲荐松床亦香滑。"陆游《夜出偏门还三山》诗:"水风吹葛衣,草露湿芒屦。"以及明人王守仁《龙潭夜坐》诗:"草露不辞芒屦(巨)湿,松风偏与葛衣轻。"都说到穿用"芒鞋"旅游的方便,不仅踩踏轻软,而且不畏湿滑。"芒鞋",原本专指用芒草茎的外皮编织的鞋,然而实际在古人诗文中,又往往泛指所有的草鞋、麻鞋。

明人胡应麟《少室山房笔丛·丹铅新录八》中有"履考"条,试图考证历代鞋的演变,其中写道:"六朝前率草为履,古称芒屩,盖贱者之服,大抵皆然。"麻鞋和草鞋往往大多用于被当权阶级蔑称为"贱者"的下层阶级的旅游生活中,可能确实是历史事实。行具的芒履,成为一定社会阶层的一种身份标志。

 知识链接

古代旅游中的饮食

在一般情况下,古代旅游的人往往自身携带干燥、轻便、不易腐坏的食品以备旅途食用。

大部队行军远征,途中难以随处得到饮食供应,士卒所携带的干粮,也称作"糒""糗"。北魏人贾思勰在《齐民要术》卷九"飧饭"记载"作粳米糗糒法",说道:"取粳米,汰洒,作饭,曝令燥。捣细,磨,粗细作两种折。"最后一句,是指细的过筛,粗的再磨一遍。这类干粮长期作为"出入之粮"在旅游生活中发挥着相当重要的作用。一般情况下,自带干粮的旅客如果有条件歇息并且有充足的饮水,便能够基本得以休息身心,补充体力。

酒,无疑是古代旅游生活中最为多见的。《警世通言》卷二一"赵太祖千里送京娘"中尽管有"大鱼大肉,热酒热饭","放量大嚼"的场面,然而更多的是饮食十分简单,甚至要旅人自己动手做饭的情形。

顾炎武的《土门旅宿》诗曾经如此记述旅游生活的艰苦:"市酒薄驱冬宿冷,山蔊(牟)轻压晓行饥。"饮食之粗陋,不足以抵御饥寒。有时又可以看到旅游生活条件下降到极点,以致饮食也无法得到保证的情形。情形更为艰苦时,旅游者甚至不得不沿途乞讨饮食。至于完全出于饥饿而流徙的活动(史籍称作"乞活"),从某种意义上也可以看作一种特殊形式的旅游生活。

第三章
春秋战国时期的旅游

　　春秋战国时期的文化辉煌，社会大变革时代为各个阶级、集团的思想家发表自己的主张，进行"百家争鸣"，追求新的精神生活提供了广阔的历史舞台，使旅游活动由三代商旅充斥于道的单调局面，发展成帝王巡游、外交聘问、宫廷婚旅、学子游学、谋士游说、王侯游猎等丰富多彩的功利旅游活动。

第一节　宫廷贵族旅游

■ 外交朝聘与"秦晋"之旅

根据《周礼》所载，礼可分为"吉、凶、军、宾、嘉"五礼。吉礼为尊祖敬宗祭祀之礼仪；凶礼是丧葬、天灾人祸的哀悼之礼；军礼是用兵出征举行的礼仪；宾礼是外交朝聘、会盟之礼仪；嘉礼为举行结婚、上冠、飨宴、立储、宾射时的礼仪。一般来说，由于春秋战国时期对礼的重视，任何一种礼仪都可形成行旅和乐舞的热闹活动，尤其是宾礼。

宾礼主要有朝见礼、聘问礼、会盟礼；其他，诸如遇礼、誓礼、会同礼、赐命礼等。

朝见礼是指诸侯按"千里之内岁一见；千里之外，千五百里之内，二岁一见；千五百里之外，二千里之内，三岁一见；二千里之外，二千五百里之内，四岁一见"的规定朝见周天子（《大戴礼记》）。战国时七雄称霸，其他诸侯王也必须按规定时间相互之间互派大夫问好，叫"小聘"；每三年互派国卿问好，叫"大聘"。每逢举行朝见礼时，诸侯们都要组成朝见行旅队伍，携带玉帛、兽皮、珍玩和奇特产品作为贡品，并按时抵达周天子或霸主都城，不按时朝见者为大不敬，将遭到天子或霸主派兵讨伐。据载：齐国派高参参加晋国聘问，在招待

▲ 狩猎图

会上因不能按礼仪赋诗言志,不辞而别,破坏了会盟之礼,引起会盟国之愤怒,而遭到会盟诸侯的征讨。郑国虽小,恪守礼仪,行不偏斜,言无冒犯而无大国征讨。

聘问礼指天子常派使臣去看望诸侯。"闲问以谕诸侯之志,归脤以教诸侯之福,贺庆以赞诸侯之喜,致会以补诸侯之灾。"诸侯国之间互派大夫问候也叫聘。诸侯之间相聘也须携带玉帛礼物相赠,组成来往行旅队伍。

诸侯间按约定时间或临时约定时间会盟,杀牲、歃血、宣读盟书、誓于神,称作会盟礼。会盟礼是十分隆重而严肃的礼仪。

一般来说,宾礼都是外交间的政治朝聘,无论是周天子还是诸侯王都非常重视。参加朝聘的使臣要精通礼乐,善于言辞和交涉;礼物要丰厚珍贵;车队要豪华庞大,一般得用100辆货车拉运,1000人护送;举行朝聘礼仪时的乐曲要壮美。于是,年年月月频繁地奔驰在周道上的宾礼车马,朝聘者高唱的"我马维驹,六辔如濡,载驰载驱,周爰咨诹"旅行之歌,以及在宫廷、周道上响起的迎来送往"呦呦鹿鸣，食野之苹。我有嘉宾，鼓瑟吹笙。吹笙鼓簧，承筐是将。人之好我，示我周行"（《诗经·小雅·鹿鸣》）的乐舞声，构成了热闹的朝聘之旅。

总之，春秋战国时期，由宾礼派生出来的朝见、聘问、会盟等外交集会，虽是一种有准绳规范的政治礼仪活动，但它具备了今天会议旅游的内容和形式，可以说是会议旅游的先导和雏形，是这一历史时期旅游活动的重要组成部分。

宫廷婚旅和"秦晋"之旅是另一种旅游活动。宫廷婚姻和秦晋结好乃是政治联姻的产物。这种联姻在尧舜时代就开始了，"妻之以皇，媵之以英"（《尸子》），巩固了尧与舜的部落联盟。春秋战国时期列国相争，为了巩固周天子的统治地位和联络与诸侯国之间的感情，周天子不惜牺牲儿女们的幸福，经常促成政治联姻，组成隔山隔水、长途跋涉的婚旅队伍，这也充实和丰富了春秋战国时的旅游内含，成为现代旅行结婚的前身。

"秦晋之好"指各诸侯国之间的联姻，那么"秦晋之好"的婚旅又是怎样的呢？据《诗经·卫风·硕人》，卫庄公与齐庄公女儿庄姜的婚旅，车服壮观，礼仪盛大，媵妾众多健美，新娘颀长美貌，举止高雅。《诗经·郑风·有女同车》："有女同车，颜如舜华。将翱将翔，佩玉琼琚。彼美孟姜，洵美且都。有女同行，颜如舜英。将翱将翔，佩玉将将。彼美孟姜，德音不忘。"不仅赞扬了郑齐联姻，使郑国得到了齐国的"德音"之助，而且描写了孟姜的美丽和婚车上郑公子飘飘欲仙的愉悦心情。

驰骋在周道上的诸侯王国间"之子于归，百辆御之"婚旅队伍，创造了春秋战国时期扬鞭策马、将翱将翔的婚旅形式；展现着"瑟瑟友之，钟鼓乐之"轻松愉快的旅游气氛；体现了旅游者"高山仰止，景行行止。四牡骙骙，六辔如琴。觏尔新婚，以慰我心"的旅游心境。

与宫廷婚旅和"秦晋"之旅相携而来的是"归宁"之旅。古时候女子出嫁曰"归",回娘家探望父母曰"来"。"归"与"嫁"同义;"来"与"归"同义。一般来说,春秋以前用"归",其后用"嫁"。归宁,即已出嫁女子归来娘家,慰安和探望父母叫"归宁"。归宁制度相当于今天的探亲制度,但那时的归宁是一种受限制、不自由的探亲制度。周礼规定,卿大夫以上,天子之后妃、诸侯之夫人,父母健在,方可按规定时间归宁;父母已亡,禁止归宁,只可派卿大夫代去问候娘家兄弟,而卿大夫夫人不受此限制。因此,归宁是政治联姻的延续,它有去有返,定时定点,车马相随,构成了长途旅游的形式与内容,开启了旅游探亲访友活动之先河。

■ 帝王游猎之旅

游猎是由狩猎演化而来,是中国先秦时代颇具娱乐和观赏性质的旅游活动之一。

夏、商、周各代帝王、诸侯都很喜欢游猎活动。夏代时,太康因好游乐田猎而失国于后羿,而后羿也"淫游""好射封狐"而丢了脑袋和国家;殷墟出土的甲骨卜辞里,记载商王游猎之事竟有186条之多;周王朝虽鉴于前朝教训,但周昭王、周宣王仍都丧生于游猎。当狩猎经历了由公有制到私有制的历史时期、由生产劳动到娱乐享受的过程后,它作为统治

▲ 宋时游猎图

阶级特权的象征，对统治阶级有极大的吸引力，致使历代帝王都在此大做文章。

春秋战国时期，游猎成为宫廷普遍追求的娱乐方式。各国诸侯争行天子"田狩之事，园囿之乐"。各国权贵则身体力行着力追求。例如，"齐哀公好游猎，从禽兽而无厌，国人化之，遂成风俗"（《毛诗·齐风·还小序》）。齐景公也好游猎，命烛邹主管禽鸟，因禽鸟亡失而欲杀烛邹，从而引出晏子指东说西，批评齐景公"重鸟轻人"的佳话。楚襄王"游于云梦，结驷千乘，旌旗蔽日，野火之起也若云蜺，兕虎嗥之声若雷霆，有狂兕牂车依轮而至，王亲引弓而射，壹发而殪。王抽旃旄而抑兕首，仰天而笑曰'乐矣，今日之游'"（《战国策·楚策》）。千乘的规模，猎射的场景，确实宏大而壮观，表现了极尽车马驰驱之欢，耳目视听之欲。但从另一侧面，反映了圈地游猎之风盛行，劳民伤财，无休止的游猎给人民加重了负担，带来了严重灾难。正如孟子所说，齐宣王的四十里囿是齐国人民的四十里陷阱。从而，激起民愤，丧失民心，动摇政权。楚庄王之夫人樊妃，曾因庄王好游猎，不问国事，而极力劝谏，但庄王不听，她即不食肉，以明心志，庄王受到感动，乃停游猎。至今湖北江陵县城北3公里处，留有"樊妃冢"，又称"谏猎墓"。

■ 宫廷游览之旅

殷纣王是中国历史上出名的荒淫之君，早在公元前11世纪时，就大兴土木，修建规模庞大的离宫别馆，"南距朝歌，北据邯郸及沙丘"（刘向《新序·刺奢》）。其中最大的两处是鹿台（在今河南汤阴）和沙丘苑台（在今河北邢台）。周文王在长安县西北建灵囿、灵台、灵沼，三者组成规模较大的苑囿。这些苑囿以帝王游猎、通神灵为主要功能，游赏功能不大。春秋战国时，诸侯势力强大，纷纷在国都附近经营苑囿，虽保留筑台以通神明的功能，但游赏功能大大增加。如吴王夫差的姑苏台，春霄宫中"为长夜之饮"，天池里青龙"舟中盛陈妓乐，日与西施为水嬉"。姑苏台成为一座以游赏功能为主的比较完备的皇家园林，是吴王游览的一个重要去处。帝王诸侯追求"饮食甚厚，声乐甚大，台榭甚高，园囿甚广"（《荀子·王坝》），于是"美宫室""高台榭"遂成一时风尚。皇家苑囿就成为帝王诸侯游猎、通神、游憩的主要场所，并以风景秀美著称，逐步向游览审美为主发展。

楚国的昭王、怀王、襄王等都喜爱游览、游猎，郢都（今湖北江陵西北）周围及古云梦泽（今江汉平原及东、西、北三面一部分丘陵山峦）是他们游览、游猎之地。昭王嗜游如命，游而乐之忘归、忘死。楚昭王燕游时"蔡姬在左，越姬参乘，王亲乘驷以逐，登附庄之台，以望云梦之囿，乃顾谓二女曰：'乐乎！吾愿与子生若此。'"（《列女传》）可谓忘归，而游荆台时，"左洞庭之波，右鼓蠡之水，南望猎山，下临方淮，其乐使人遗老而忘死"（同上书）。楚襄王承继祖风，游览成瘾，常常"驰骋乎云梦之中，而不以天下国家为事"（《战国策·楚策》），并喜"登高必赋"，附庸风雅，今日游云梦浦，明日游云梦之台，后天又去游兰台（旧址在今湖北钟祥县），常由宋玉、景差侍从。

此外，晋平公游西河，希望遇见贤才；齐景公游于海上，高兴得六个月不归。更有甚者，蔡灵侯"南游乎高陂，北陵乎巫山，饱茹溪之流，食湘波之鱼，左抱幼妾，右拥嬖女，与之驰骋乎高蔡之中，而不以国家为事。不知夫子发方受命乎宣王，系之以朱丝而见之也"（《战国策·楚策》）。

毫无疑问，宫廷游览是帝王诸侯浮华奢靡的享乐生活，也是游览山水景色目观之美、心感之悦的旅游生活。

第二节 士大夫的文化旅游

■ 游学之旅

相传在虞舜时代已有学校,但确切记载见于商代甲骨文中的"学"与"大学"的记载。西周学校分为"国学"和"乡学"两种。国学设大学和小学、宫廷和幼儿教育。并逐渐形成"礼、乐、射、御、书、数"为主体的"六艺"教育体制。商周时期是"学在官府",学校由国家开设,教师就是官吏,学校管理与政治管理合一。春秋末年,"王官失业,雅颂失错"(《汉书·礼乐志》),礼崩乐坏,教育挣脱了官府、贵族的垄断,高雅的文化开始下移,走向社会,走进私门。像孔子那样学问渊博的士、思想家、教育家开始创办私学,授业解惑,聚徒讲学。

▲ 孔子游学

于是，天下渴求知识的莘莘学子，不问艰辛，不辞路遥，纷纷走上投师问学的旅途。这种从春秋末年到战国末年，在社会上兴起的越陌度阡、投师问学、切磋学问的学子旅行活动，在我国旅游史上称之谓游学之旅，或学旅。

游学之旅的骨干正是那些在新的历史时期崛起的士。他们以投师问学以求仕为主要目的，但在游学的实践过程中，无论是往来奔走的旅途，还是授业解惑的形式与内容，不能不是一种对山水之美和景仰水之"九德"之美的欣赏和乐的感受。例如，孔子在从曹国到宋国的路途中，在大树下演习礼仪；到卫国见卫国人口稠密而以反问的形式启发冉有的教学形式。孔子弟子三千以"六艺""六经"相授。礼、乐等六艺本身就是美与德的欣赏，相传《诗经》的"三百五篇孔子皆弦歌之"。因此，先秦游学是中国旅游史上发生最早的民间文化旅游活动。

孔子（前551—前479）名丘，字仲尼，鲁国陬邑（今山东曲阜）人。孔子祖先原是宋国贵族，后避难逃往鲁国。他3岁丧父，17岁丧母，年轻时过着贫贱的生活，曾在鲁国贵族季氏门下做过管理仓库的"委吏"和管理畜牧牛羊的"乘田"。但他少而好礼，立志笃学而闻名远近。孔子在而立之年创办私学，收学生，作教授，致力于教育事业40余年。他实行"有教无类"的方针，无论贵族或平民、华夏或夷狄，都可以入学受教育，冲破了贵族官府的界限，也打破了"礼不下庶人"的等级制度。于是，莘莘学子，越陌度阡，投师问学于孔子门下。例如：出身贫贱的颜渊、公西华；种蔬菜、瓜果的樊迟、曾参；身穿芦衣为父推车的闵子骞；贱人之子仲弓、子张、子夏；曾为大盗的颜涿聚；蛮夷之邦的楚人公孔龙、秦商。

孔子在周游列国时还勤于游。据说孔子与学生游泰山时，在泰山的虎丘遇一妇人痛哭于坟前,当他们得知妇人公公和丈夫均丧生于虎口时,劝其离山避虎。妇人却说:这里虽有老虎,却没有苛捐杂税。孔子等从中获得"苛政猛于虎"的感慨。泰山王母池东侧的虎丘也由此而名传后世。孔子带领弟子游至五层崖,见一老翁弹琴高歌,向前问其高兴的原由?老翁答曰:"世界万物,以人为贵,而我是人;人有男有女,男尊女卑,而我是男;人出生后,有的很快夭折了,而我已九十多岁了。这怎不让我高兴呢!"泰山还有一座望吴峰,孔子及其弟子在此山峰上曾望见吴都(今苏州)大门上拴着一匹白马,故此山名望吴峰。

春秋战国时期,士大夫崛起,诸侯争霸、列国征战、诸子百家争鸣,游学之旅开始兴起,其有着时代烙印和自己的特色:游学阶层复杂、人数众多、地域广阔、形式多样。在政治、经济、思想、文化等急剧变化的时代,社会各阶级也不断发生分化和重新组合。一方面,士、农、工、商各阶层学子,诸子百家的学者和思想家等游学之旅,纷纷迈开双脚,趋赴列国诸邦、四方郡县、边塞城郊、山中林下的聚学之所,或授业,或拜访名师,或切磋学问,或问学观礼乐;另一方面,诸子百家聚于稷下学宫、礼仪之都等"百家争鸣"的学术之旅,或著书讲学,或争鸣,或论证。从阶层、人数、地域各方面游学之风都在不断扩大。一直到秦灭六国,一统天下,秦始皇焚书坑儒,盛行了300多年的游学之风才开始衰退。

■ 游说之旅

游说之旅是指具有文化知识的士,以求仕为目的,以布衣交结诸侯为手段,周游列国的旅游。

春秋战国时期的游说之士,最著名的是四大公子赵之平原君、齐之孟尝君、魏之信陵君、楚之春申君的门下。平原君赵胜在诸子中最贤，喜宾客，宾客盖至者数千人，能"贵士而贱妾""斩笑躄者美人头"（《史记·平原君虞卿列传》）。孟尝君田文，"舍业厚遇之，以故倾天下之士。食客数千人，无贵贱一与文等"（《史记·孟尝君列传》）。信陵君魏无忌礼贤下士，"士以此方数千里争往归之，致食客三千人"（《史记·魏公子列传》）。春申君黄歇，"游学博闻""客三千余人"（《史记·春申君列传》）。

▲ 信陵君像

春秋后期兴起的游说之旅的最早实践者应是孔子。

继孔子之后，著名的游说之客还有墨子、孟子、苏秦、张仪、商鞅、范睢、邹衍、韩非、李斯等。

墨子（约前468—前376），名翟，宋人（一说鲁人），出身较卑微，自称"贱人"，墨家学派的创始人。墨子继孔子而"周行天下，上说下教"，交结诸侯，往来于鲁、齐、梁、楚之间，以行"义"天下为己任，主张以"先王之道"和"圣人之言"去教育天下人，反对不义战争，游说诸侯，贯彻"兼爱""非攻""节用""尚贤"等主张。

墨家弟子在游学、游说中都非常重视实践、身体力行。他们在游说诸侯各国的旅途中，常常是穿短衣、着草鞋，一身简朴的平民装扮，且一路疾步快走，省吃俭用，茅屋采椽，从不乘坐车马。所以墨家不仅游学、游说政治观点、思想认识与诸子不同，而且方式方法也与众不同。

孟子（前327—前289），名轲，鲁国邹邑（今山东邹县）人。孟子是孔子的嫡孙子思门人的弟子，孔子的继承者，有"亚圣"之称。他主张"民为贵，社稷次之，君为轻"，提倡"富贵不能淫，贫贱不能移，威武不能屈"。一生行迹极似孔子。40岁以前游学设教，除母逝而归丧三年，其余大部分时间是在稷下学宫设教传道授徒。40岁以后曾游说宋、魏、鲁等六国，受到了所到之国的热情招待，送别时常以黄金馈赠，游说之旅十分气派且舒适。

在先秦旅游史上，苏秦与张仪的游说之旅最具代表性，均以布衣取卿相，一个是身佩六国相印，另一个则在秦国为相。

苏秦两次游说诸侯各国。第一次"出游数岁，大困而归，兄弟嫂妹妻妾窃皆笑之"（《史记·苏秦列传》）。但他决心继续努力，发奋读书研究，甚至"头悬梁，锥刺股"。为了游说成功，苏秦不仅钻研权谋诡辩之术，揣摩各诸侯心理，而且下功夫收集各国政治、经济、军事、人口、风俗、地理、疆域等情况，务达了如指掌的程度，并在后来的游说途中又加以验证，以至游说时能随口报出各国的人口、赋税、山川地貌、军事要塞的数据及情况。苏秦第二次游说终获成功，一方面他正确分析并把握了当时的形势——秦、齐强国都欲席卷六国，六弱国明争暗斗，易于各个击破。于是提出联合弱国共同对付秦、齐强国的"合纵"政策。另一方面，他全面地掌握了各国情况，尤其是地理位置和优劣条件，并选准弱小的燕国作为突破口，说动燕、赵举盟，"合纵"抗秦。接着，游说韩宣王，明耻教战，说服韩国誓盟；游说魏襄王，纵论古今荣辱，折服襄王加盟；游说齐宣王，力陈各国关系得失，理服齐王随盟；最后游说楚威王，剖析合纵连横孰是孰非，激励威王加盟"合纵"。应该说苏秦游说成功，与他游历各国、知识丰富、讯息灵通、眼界开阔不无关系，成功地将"游"与"说"结合起来，把游中审视山河、调查、考察获得的知识，巧妙地应用于政治斗争，达到以布衣取卿相的目的。因此，游说之旅是功利性的文化旅游活动。

张仪游说秦惠王，制定破坏"合纵"联盟的"连横"政策与其游历各国也不无关系。"连横"政策本身就是根据秦国与六国的地理、地形、经济、军事和政治力量对比而制定出的决策。其基本对策是和平共处，和各国保持单方面的双边关系，然后采用各个击破的战略。苏秦、张仪是战国乱世纵横捭阖、出类拔萃的游说家，也是中国旅游史上实践游说之旅的庶民知识分子的代表。

游说之旅始于春秋战国时期，虽带有很强烈的功利色彩，但均以文化知识为依托，并为日后开展的娱乐性旅游打下了基础，在中国旅游史上具有重要的地位。

 知识链接

屈原"路漫漫其修远兮"

屈原（约前340—前278），名平，字原，又字灵均，今湖北秭归县人。

屈原的家乡秭归在长江三峡附近，这里山高岸危，水清流急，林深泉飞，自然风貌非常迷人。他从小接受良好的教育，钟爱家乡和楚国的山山水水，立志报效祖国，作过左徒和三闾大夫，27岁以前颇得楚怀王宠信。屈原"博闻强志，明于治乱，娴于辞令。入则与王图议国事，以出号令；出则接遇宾客，应对诸侯"（《史记·屈原贾生列传》）。他肩负着举贤授能、清明政治的重任，

▲ 爱国诗人屈原像

又主张东联齐国，西抗秦国，使楚由弱变强，完成统一大业，因而得罪了背叛楚国利益并已与秦相张仪勾结的上官大夫靳尚和怀王宠姬郑袖、小儿子子兰等。在宫廷群佞的挑拨与诬陷下，终于被怀王放逐出京。后张仪不断挑拨楚齐关系，又诓骗怀王入秦。怀王被囚而死于秦后，楚襄王接位，更为昏庸，任命子兰为令尹（宰相）。屈原被第二次放逐，再也未能回京。

屈原的放逐之旅是痛苦而悲壮的。南国绚丽而多姿的山水、社会的黑暗、民生的苦难、淳朴的民风，坚定了屈原的理想，激发了他的爱国热情，丰富了他的创作内容，从而促使他写成了感物吟志、纪行述怀的千古绝唱——《离骚》《九歌》《九章》《天问》等。他的这些作品极大地丰富了旅游文化，而且他被迫放逐的行旅生活，也成为后来仕人被贬远游的榜样，逐步发展演变成为"宦游"。

第四章
秦汉魏晋时期的旅游

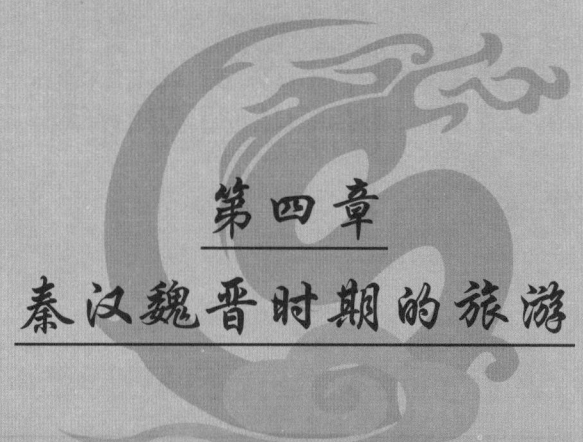

　　从秦汉到魏晋，相继建立的秦、汉帝国，以辽阔锦绣的河山、富饶丰盛的物产、华美壮丽的都市、连绵起伏的长城、亘古未有的大一统事业……为中国旅游铺陈了一派雄浑意境，造就了一代万里作客、万里长征的风云人物。他们踌躇满志、意气风发、登览三山五岳、游历江河湖海、信步险关漫道、横绝戈壁流沙……使秦汉魏晋时期的旅游活动展现出令世人惊叹的雄风壮采。

第一节 秦汉时期旅游的发展

■ 帝王巡游

秦汉最壮观的旅游之一是帝王巡游。

帝王巡游，先秦时叫"巡守"。

公元前221年，秦始皇嬴政结束了战国200多年的分裂割据，创建了一个以咸阳为首都，东至于海，西至甘青高原，南至岭南，北至河套、辽东幅员广袤的国家。为了国家的长治久安，秦始皇采取了一系列强有力的措施来加强专制，巩固皇权。诸如废除分封制，推行郡县制；设丞相，立太尉，置御史，强化中央集权的官僚机构；"一法度衡石丈尺，车同轨，书同文字"；迁徙豪强等。他继承并且发展了周天子的"巡守"制度，使巡游天下成为其在位12年耗时最多，用力最勤的一件国家大事。

秦始皇称帝的第二年（前220年），即离开咸阳（今陕西咸阳东北），西巡陇西（今甘肃临淄市南），再由陇西折向东北方的北地（今甘肃庆阳），然后经由相传黄帝登临的鸡头山（今

▲ 秦始皇巡游

宁夏固原境内），取道回中（今陕县陇县西北），东返咸阳。行程至少1320公里，这是秦始皇的首次巡游。这次巡游的背景是盘踞西北及北方的匈奴势力已严重威胁秦国安全，而秦王朝的首都咸阳又靠近西北边陲，确保西北防务是朝廷的当务之急。所以秦始皇的首次巡游实以军事考察为主，以游山玩水为辅。

秦始皇称帝的第三年（前219年），复出咸阳，经函谷关，横穿河南，东巡齐鲁。在齐鲁，上邹峄山（今山东省邹县东南），立下第一块歌颂自己的刻石，并在邹峄山下召集儒生共商"封禅望祭山川之事"。随后，他北登泰山，立下第二块刻石，举行了设坛祭天的"封"礼。接着，他又登上泰山脚下的一座小山梁父山，立下第三块刻石，举行设坛祭地的"禅"礼。"封禅"是儒家鼓吹的王者以其成功告于神明的盛大宗教仪式，秦始皇首行之，更觉春风得意，乃东临渤海，视察黄县、腄县（今山东省福山地区），先后登上腄县海边的成山和之罘山，并在之罘山立下第四块刻石。继而他南下琅邪（今山东省胶南县西部），在那个靠山临海的郡县游乐了三个月，并看中了相传越王勾践眺望东海的琅邪台旧址，下令移来居民三万户，重筑琅邪台，立下第五块刻石。事毕，秦始皇转道彭城（今江苏省徐州市），南渡淮河，西行衡山郡（今湖北省鱼岗西北）、南郡（今湖北省江陵地区），再由南郡下长江，顺流东浮，至于湘山（今洞庭君山）。在湘山，因遇大风大浪，"几不得渡"，秦始皇向娥皇、女英发了一通脾气，遂掉头北去，经南郡，武关（今陕西省武关南），返回咸阳。行程至少3200公里。这是秦始皇第二次巡游。这次巡游的目的，主要是躬行"天子祭天下名山大川"的祀典和宣扬王朝的声威、功德。

秦始皇称帝的第四年（前218年），再出咸阳，巡游东方。途中，他的车队在阳武（今河南县原阳县东南）的博浪沙遭人袭击，但有惊无险，稍事搜索，即东进齐鲁，一直到渤海岸边，登上那座他去年刚刚登上的之罘山，"昭临朝阳，观望广丽"，立下了第六块刻石。他又重游东海岸边他去年大乐三月的琅邪，再从琅邪经由上党（今山西省长冶市北），返回咸阳。行程至少 2400 公里。这是秦始皇第三次巡游。这次巡游的主要原因主要是他去年目睹的壮阔海景和听说的海中神山的仙话，给了他极其深刻的印象和极其美妙的诱惑。

秦始皇称帝的第七年（前 215 年），又出咸阳，东临碣石（今河北省昌黎县北），以观沧海，立第七块刻石。这次，他因深入燕赵之地，看到燕赵古战场残留的一些危城险隘，深感阻塞交通，且一旦叛乱，易守难攻，遂下令天下"堕坏城郭，决通川防，夷去险阻"，又做了一件有利于交通旅行的好事。接着，他沿着漫长的北部边境，历经河北、山西、内蒙古、陕西四省，督察国防，然后从上郡（今陕西省榆林县）南下，返回咸阳。行程至少也有 2400 公里。这是秦始皇第四次巡游。

时隔五年，秦始皇称帝的第十二年（前 210 年），又出咸阳，南巡荆楚，游乐云梦（今河北省监利县北），再由云梦扬帆长江，逍遥来东，"观籍柯，渡海渚，过丹阳（今安徽省当涂县东北小丹阳镇），至钱塘（今浙江省杭州市），临浙江（今钱塘江），水波恶，乃西百二十里从狭中渡，上会稽（今浙江会稽山），祭大禹，望于南海"，立第八块刻石。兴尽，回车于吴（今江苏省苏州市），从江乘（今江苏省句容县北）渡江，第三次光顾山东琅邪，并从琅邪下海，亲捕大鱼，航行至成山、之罘山。再从之罘山，启程西归。但走到平原津（今山东省平原县境），秦始皇重病缠身，未几，崩于沙丘平台（今河北省广宗县西北大平台）。随行人马则护送灵车西出井陉（今河北省井陉山），北上九原（今内蒙包头市西），取道秦始皇三年前下令修筑的由云阳（今陕西省淳化县西北）直通九原的"直道"，返抵咸阳。全程至少 5000

公里。这是秦始皇功亏一篑的第五次巡游。这次巡游的动机，主要在于访神问仙和游山玩水。

秦始皇登基 12 年的五次巡游，是中国旅游史上的传奇壮举。影响之大，不但开启了秦汉旅游壮阔豪放的时代风格，促进了交通旅行设施的建设，如道路、馆舍；发掘了内陆和沿海的旅游资源，如泰山、会稽、琅邪、碣石，奠定了秦汉宫廷的巡幸、封禅制度；也不断鼓舞后代的一些历史家、文学家循其车辙，觅其遗踪，漫游中国，所谓"秦王扫六合，虎视何雄哉……铭功会稽岭，骋望琅邪台……连弩射海鱼，长鲸正崔嵬"。秦始皇是中国帝王巡游天下的杰出代表。

公元前 140 年，汉武帝刘彻即位。大汉帝国削藩夺爵，强干弱枝，中央集权空前稳固。"都鄙廪庾尽满，而府库余财。京师之钱累百钜万，贯朽而不可校。太仓之粟陈陈相因，充溢露积于外，腐败不可食。众庶街巷有马，阡陌之间成群，乘牸牝者摈而不得会聚"，社会经济空前繁荣。废黜百家，独尊儒术，"崇礼官，考文章，内设金马石渠之署，外兴乐府协律之事，以兴废继绝，润色鸿业"，文治空前鼎盛。东平瓯越，南镇南越，西取焉支山，北封狼居胥，武功亦空前显赫。"于是，自今之朝鲜北部、辽宁、河北，沿海岸而南，至于广州、海南岛以及安南北部，北经云南、四川、甘肃，东至宁夏、绥远、察哈尔、热河四省底（的）南部，全都入了汉底（的）版图"，疆域的广大臻于秦汉两代的极限。同时，增开夜郎道、灵山道，接连西南夷；新修褒斜道、回中道、渭渠等，加强关中的联络；畅通河西走廊，凿空丝绸之路，内外交通的发达也达到了一个崭新的高度。这一切使汉武帝有理由、有情绪、有条件、有基础，为着政治、军事、宗教、娱乐的目的四处巡游。

在汉武帝执政的 53 年间，他一共行幸各地计 30 次。较大的几次有：

元鼎四年（前113年）冬，他从长安出发，西至雍县（今陕西省凤翔县南），渡过黄河，抵于汾阴（今山西省万荣县西南宝鼎），立后土祠，然后还至洛阳，返于长安。全程约1120公里。元封元年（前110年）冬，汉武帝"巡边垂，择兵振旅，躬秉武节"，"勒兵十八万骑，旌旗径千余里"，由长安至云阳，北历上郡（今陕西省榆林县），西河（今内蒙东胜地区），五原（今内蒙包头市西北），出上城，北登单于台（今内蒙呼和浩特市西），至朔方（今内蒙杭锦旗北），临北河，还于桥山（上郡境内），祠黄帝，经云阳甘泉，返于长安。全程约2500公里。元封二年（前109年）春，汉武帝"用事华山，至于中岳"，在中岳嵩山，他观看了相传"石破北方而启生"的夏后启母石，并登览了中岳的最高峰。下山后止于缑氏（今河南省偃师县东南，地当伊洛平原东部嵩山口），下诏封嵩山为"嵩高"。继而东巡齐鲁，游于渤海。再由渤海巡视博县（今山东省聊城一带），奉高县（今山东省泰安市东）、蛇丘、历城、梁父……乃登上泰山，筑坛封禅。其后又东游渤海，北上碣石，辽西（今辽宁省义县西）。再从辽西沿北部边境直达九原，南下甘泉、长安。全程约4000公里。元封五年（前106年）冬，汉武帝南巡狩，至于南郡盛唐，遥祭九嶷虞舜。再由鄂入皖，登天柱山。随之他驱车长江，于浔阳（今江西省九江市）江面，顺流东下，在今安徽省枞阳县弃船登岸，北至山东琅邪，沿海而行。尔后驾临泰山，西归长安。全程约3800公里。这是汉武帝最中意的一次巡游，所谓

▲ 汉武帝刘彻像

"朕巡荆、扬，楫江、淮物，会大海气，以合泰山。上天见象，增修封禅。其赦天下。所幸县毋出今年租赋，赐鳏寡孤独帛，贫穷者粟"。汉武帝是追步秦始皇，跨越千山万水的一代雄主。

汉武帝之后，两汉诸帝的巡幸之事，仍史不绝书。如东汉明帝就经常"动大辂，遵皇衢，省方巡狩，躬览万国之有无"。但由于国势的衰颓，气派、规模已今不如昔。而魏晋以下，也只有隋朝的炀帝，清朝的康熙、乾隆尚能勉强模拟秦皇、汉武巡游天下的天子风流。这说明帝王巡游，作为一种以耀武扬威为主，兼以宗教、游乐性质的政治旅游，它的盛衰受制于大一统封建王朝的盛衰。国运盛，巡游盛；国运衰，巡游衰。而权衡它的利弊，巡游固然兴师动众，劳民伤财，但它对于加强中央集权，交流经济、文化，特别是对于发展交通旅行，开拓名山大川自有功大于过的历史意义。

■ 海上探险

秦汉最壮观的旅游之二是海上探险。深入大海，远渡重洋的海上探险活动开始于秦始皇时代。

秦始皇"振长策而御宇内"，"履至尊而制六合"，春风得意，趾高气扬。他主要担心的人生问题是时光的流驰，生命的终结。他朝夕梦想得道成仙，长生不死。他的周围因此聚集了一班神仙方术之士，向他竭力鼓噪神山仙境、灵丹妙药的鬼话。前219年，秦始皇东巡琅邪，面临渺渺沧海，听信了方士徐福"言海中有三神山，名曰蓬莱，方丈，瀛州，仙人居之"的天方夜谭，派遣徐福率领从各地搜集来的数千名童男、童女，入海求仙。这就是我国历史上载诸史籍的第一次大规模的海上宗教探险。而徐福也就是我国历史上第一位指挥数千人和数十条船的海上旅行家、探险家。然则"海客谈瀛州，烟涛微茫信难求"，徐福船队不得不一次又一次地返回琅邪，补充给养，耗费了大量钱财。前210年，秦始皇三顾琅邪，徐福劳而无功，担心皇帝怪罪，推说："蓬莱药可得，然常为大鲛鱼所苦，故不得至，愿请善射者与俱，见则以连弯弩射之。"秦始皇遂亲自登船，和徐福等北航之罘，并在之罘海面亲手射杀了一条大鱼。这样一来，徐福等虽然混过了眼前的一关，却骑虎难下，唯有扬帆出海，继续寻找海中神山。从此，他们一去不回，在史家笔下消失得无影无踪。但后来搜集的一些民间传闻则说徐福和他的童男、童女，乘风破浪，跑到亶即日本列岛，安家落户、传宗接代去了。这件事的真伪，现在已是日本学界热烈讨论的课题，我国学界也有很多人力图解开这一疑团。而相信徐福东渡日本者，国内外均不乏其人，我们认为，无论徐福去了日本，还是去了别处，或是葬身海底，他的入海求仙总体现了人们对海上世界的追求，是我国海上探险的开端。

汉武帝时，商业性的海上探险在南海海域初显身手。《汉书·地理志》说：

自合浦、徐闻南入海，得大州，东西南北方千里，武帝元封元年，略以为儋耳、珠崖郡。

儋耳、珠崖即是我国的第二大岛海南岛。从合浦（今广西省合浦县）到海南的海路约140公里，从徐闻（今广东省徐闻县）到海南约35公里。这两个数字固然很小，两条航路固然很短，但不可否认的是面积为33920平方公里的海南岛是前2世纪汉人海上探险的辉煌成果。

《汉书·地理志》又说：

自日南障塞，徐闻、合浦，船行可五月，有

▲ 徐福像

都元国；又船行可四月，有邑卢没国；又船行可二十余日，有谌离国；步行可十余日，有夫甘都卢国。自夫甘都卢国船行可二月余，有黄支国，民俗略与珠崖相类。其州广大，户口多，多异物，自武帝以来皆献见。

日南是汉王朝在今越南境内设置的一个郡。都元国则在马来西亚半岛，邑卢没国和谌离国在缅甸沿岸，夫甘都卢国在今缅甸之薄甘城，黄支国即今之印度半岛东南部的建志补罗。可知汉武帝时从北部湾到孟加拉湾的海面上已经航行着一支中国船队。这支船队是官府派出的、配有翻译官、载有黄金绢帛的商业性海上探险队。

《汉书·地理志》说船队：

有译长，属黄门，与应募者俱入海，市明珠、璧流离，奇石异物，赍黄金、杂缯而往。所至国皆禀食为耦，蛮夷贾船，转送致之。亦利交易，剽杀人。又苦逢风波溺死，不者数年未还。

这批志愿应募，参加探险的民间勇士，在苍茫的大海上，汹涌的风浪中，冒着九死一生的危险，闯出了一条通往印度半岛的贸易航线，写下了南洋旅行可歌可泣的第一页。

■ 西域之旅

通西域是中国旅游史上一件气壮山河的大事。

张骞，汉中成固（今陕西城固）人。生年未详，推算起来，约生于前179—前157年间，死于武帝元鼎三年，即前114年。前139年，正当他风华正茂时，奉命出使西域。

这一年，张骞以匈奴人甘父为向导，带领一百多个随从，从长安西行陇西，由陇西进入河西走廊。但是，在这条走廊上，他们未能避开匈奴人巡逻的马队，全部被俘，并被押送到今内蒙古呼和浩特附近的匈奴王庭。匈奴单于不准他们出使西域，把他们一直拘留了十年光

▲ 古西域风景

景。十年中，张骞虽然被迫娶了妻子，生了儿子，但仍壮志未泯，"持汉节不失"。始终不忘自己肩负的联合大月氏的使命，时刻寻找逃出匈奴、前往大月氏的机会。公元前129年，张骞一行趁匈奴人的监视稍有放松，就毅然脱逃，继续西进。他们取道天山南麓的车师（今新疆吐鲁番盆地），从车师进入焉耆（今新疆焉耆地区），再从焉耆溯流塔里木河，途经龟兹（今新疆库车东）、疏勒（今新疆喀什），翻越葱岭，到达大宛（前苏联费尔干纳盆地）。大宛，北面是康居（前苏联乌兹别克和塔吉克境内），西南为大夏（今阿富汗境内），国中有大小城镇七十余座，人口数十万，盛产稻、麦、葡萄酒，还特产一种五彩良马——"天马"。杜甫诗："胡马大宛名，锋棱瘦骨成。竹批双耳峻，风入四蹄轻。所向无空阔，真堪托死生。骁腾有如此，万里可横行。"称赞的便是这种天马。大宛国很早就想与汉朝来往，但苦于"欲通不得"。因而对张骞的到访喜出望外，特意派出译员和向导把他们护送到大月氏。不过这时的大月氏已发生了很大的变化，大约在十年前即张骞离开长安的那一年，大月氏遭受乌孙国（今伊犁河、伊塞克湖一带）的攻击，向西南方迁移到了妫水（今阿姆河）流域，这里物产丰富，土地肥沃，大月氏安居乐业，不想远离新家和匈奴人重开战端。所以，张骞虽然冒着生命危险到达目的地，却不能完成动员大月氏东击匈奴的任务。不得已，张骞遂渡过妫水，游历大夏的蓝氏城（今阿富汗瓦齐拉巴德）。前128年，他们又从大月氏出发，翻过葱岭，沿昆仑山北麓，经莎车（今新疆莎车）、于阗（今新疆和田）、鄯善（今新疆若羌），欲取道祁连山回归陇西，但行至羌人居地时，再一次落入匈奴人之手，又被扣押了一年多。前126年，匈奴内讧，张骞和妻子及向导甘父混迹流民，返抵长安。全程约三万余里。这就是张骞第一次通西域的大致经过。

这次通西域整整用去了13年时间，同行的一百多人仅存张骞与甘父两人，代价是很高的。但它带给汉王朝的礼物则极其珍贵。其一，它探明了汉朝本土通往西域的两条通道即张骞西去的"北道"和张骞东归的"南道"。这"北道""南道"也就是后来名扬中外的"丝绸之路"。其二，它详细考察了西域诸国的山川形胜、地理位置、经济物产、人口兵力、风俗习惯，收集了西域诸国例如安息（今伊朗）的种种传闻，并把它们记载成文，报告朝廷。从而使大汉帝国掌握了新疆和西南亚地区的大量信息，看到了天山南北、葱岭内外一片新的广阔天地，制定了"驱逐匈奴，打通西域，招徕远邦"的战略方针和外交政策。汉武帝也因此封张骞为太中大夫，封甘父为奉使君。

但张骞并没有居功自傲，故步自封。他回国后，一方面积极帮助汉武帝谋取河西走廊，亲自引导军队进击匈奴，力图打通走向西域的通道；另一方面，又提出了在祖国西南方向另求出路的设想。原来张骞在大夏时，曾经看到过蜀布和邛竹杖，并得知这些东西是大夏商人从身毒国贩运来的。身毒是今印度境内的古国，在大夏东南数千里的地方，其国靠近大海，气候低湿炎热，人民好骑大象。张骞认为，既然大夏的蜀布和邛竹杖不是由中国西北而是由大夏东南方身毒传来的，则身毒和生产蜀布、邛竹杖的四川两地一定存在着一条商品转手的道路，如果能搞清这条道路，汉人也就可以避开匈奴控制的河西走廊，从西南方通往西域。于是，在汉武帝的支持下，前122年，张骞从蜀郡（今四川省成都地区），犍为郡（今四川宜宾西南）派出使者，分成几路，经冉陇、笮都（今四川汉元东北）、徙、邛等地，向西南进发，但各路使者大约各自走了一二千里，就因少数民族的拦截、掠杀，不得不半道而归。其中，南路使者到了昆明（今云南大理）地区，会见了滇国的国王和夜郎的侯王。得知从昆明西行一千余里，可以到达一个乘象的国家滇越（今云南腾冲、龙陵一带），蜀地的商人就经常带着货物去滇越贸易。华夏特产蜀布和邛竹杖等正是从四川，通过云南、滇越，经缅甸、印度，输进大夏的。这也就证明了张骞关于西南和西域之间交通线的设想是完全正确的，证明了张骞既是一位勇于探险又是一位具有远见卓识的旅行家。他所计划的试通身毒的行动为汉武帝十几年后大力经营西南夷，把西南诸国收进大汉版图起了重要作用。

又过了若干年，张骞鉴于汉王朝对匈奴的战争已经大获全胜，匈奴的威胁基本解除，河西走廊畅通无阻，建议朝廷联合乌孙。乌孙也是一个"逐水草而居"的游牧民族。最初，他们和月氏都住在甘肃西部的敦煌和祁连山之间，后来乌孙被月氏打败，乌孙王被月氏杀死，乌孙人遂托庇于匈奴，乌孙王的儿子猎骄靡也由匈奴单于收养。猎骄靡长大成人，屡建战功，得以重新统帅乌孙族。并在匈奴的帮助下，西逐月氏，报仇血恨，占领了月氏因躲避匈奴而开发的伊犁河流域，逐渐发展成为一个盛产马匹，拥有骑兵十万的西域强国。到武帝时，它不再依附匈奴，乃至击败了匈奴人的进攻。张骞认为，汉王朝如能联合乌孙，让他们返回甘肃西部的老家居住，再把汉公主嫁给乌孙王，以和亲约为兄弟，就可以彻底孤立匈奴，切断匈奴"右臂"，使乌孙以西的大夏、大月氏诸国应招而至。这个建议又一次博得汉武帝赏识，他立刻封一度因贻误军机被废为庶人的张骞为中郎将，第二次出使西域。张骞欣然应命，率领随从三百余人，每人配备两只马匹，驮着价值千万的金币丝绸，带着一万多头牛羊，浩浩荡荡地访问乌孙。但这时的乌孙王猎骄靡年岁已老，豪气锐减，乌孙内部正因王位继承问题

濒于分裂，况且伊犁河流域水草茂盛，生活富足，乌孙人也不愿东迁甘肃。因此，张骞这次出访乌孙虽然在旅途上一帆风顺，

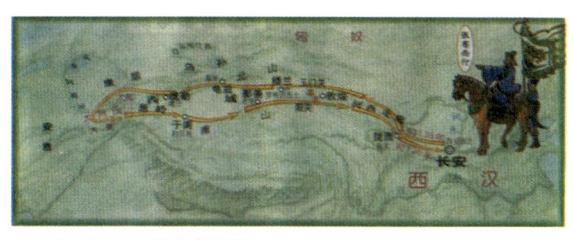

▲ 张骞西域路线图

肩负的使命仍未能实现。于是，张骞因时制宜，把副使分别派往大宛、康居、大月氏、大夏、安息和身毒，自己则陪同乌孙国的使者，带着乌孙国赠送的良马，启程回汉，于前115年返抵长安。这就是张骞第二次通西域。

这次通西域正式开启了汉朝与乌孙及其他西域国家的友好往来，揭开了"丝路花雨"的序幕。所以，汉武帝高兴地任命张骞为朝廷负责接待宾客和处理少数民族事务的高级官员"大行"。然而，前114年，张骞竟撒手人寰，溘然长逝。

张骞是我国古代伟大的旅行家、探险家和外交家。他以顽强的意志和毕生精力，"凿空西域"，在漠漠戈壁，凛凛冰川，湍湍急流，茫茫草原……处处留下了深深的足迹和深远的影响。他的事业和功劳，无论对于中国旅游史、中国探险史、中国外交史、中国交通史、中国地理史，还是对于中国商业史、中国文化史、中国统一的多民族封建国家发展史以及中外交流史，都是难以磨灭的。

东汉时，塞外邦交仍方兴未艾。"丝绸之路"上奔忙着外交使团、行商客贾和民间艺人，特别是我国的旅行者越走越远，一直走到了西海（今波斯湾）沿岸，并知道了通往罗马的道路。东汉和帝永元九年（97年），朝廷派驻西域的都护班超"遣掾甘英穷临西海而还，皆前世所不至，《山经》所未详，莫不备其风土，传其珍怪焉。于是远国蒙奇、兜勒皆来归服，遣使贡献"。

第二节　秦汉时期的文化旅游与游宦

■ 司马迁的文化旅游

司马迁等的文化旅游为汉代历史增添了壮丽的一笔。

"秦世不文",焚书坑儒。先秦灿烂的学术文化几乎毁于一旦。汉代,兴废继绝,崇礼官,考文章,讲师承,重学问。发掘、继承中国悠久的历史文化是大一统王朝和热衷为大一统服务的知识分子积极倡导、专心致力的一项事业。

司马迁一生极善于替别人树碑立传,他的不朽著作《史记》一举创立了我国纪传体史学和传记体文学的典范,被鲁迅誉为"史家之绝唱,无韵之《离骚》"。

汉武帝元朔三年(前126年),司马迁20岁。由于他的父亲和他本人都锐意史学,根据父亲的指示,司马迁走出书斋,走出长安,漫游大江南北,遍访名山大川,以考察历史传闻,收集历史资料,体验民风民俗,洞悉山川形势。这就是《自序》说的:

二十而南游江淮,上会稽,探禹

▲ 司马迁像

穴，窥九嶷，浮于沅湘，北涉汶泗，讲业齐鲁之都，观孔子遗风，乡射邹峄，厄困鄱薛彭城，过梁楚以归。

据此，再结合其他记载，我们可以大致清楚地描绘出青年司马迁的壮游经历。这次壮游，司马迁的脚步首先被浪漫的南方文化所吸引。他出武关（今陕西丹凤东南），过南阳（今河南南阳），到南郡（今湖北江陵），东游大江，"南登庐山，观禹疏九江，遂至于会稽"。会稽，江浙名山，它拔起于坦荡的水乡平原，龙盘虎踞，气势磅礴。相传大禹曾经在这座山上会集诸侯，计功封爵，故称"会稽"（会计）。禹穴，则指会稽山顶一个很深的洞穴。传说它是大禹用来珍藏图书的秘库，只有他一人能够进出，故称"禹穴"。而大禹死后也葬在会稽山下，所以禹陵和禹王庙香烟缭绕，至今犹存。会稽山又是春秋时越王勾践卧薪尝胆的地方，秦始皇南巡狩也曾到此一游，祭禹，刻石。所以会稽从山顶至山脚都闪耀着英雄传奇的光彩，司马迁登临送目，凭吊遗踪，为后来写作《禹本记》《越王勾践世家》以及《秦始皇本记》积累了素材，积蓄了情感。下山后，司马迁北上姑苏（今江苏吴县境内），游览太湖，再沿江西上，"窥九嶷，浮沅湘"。湖南九嶷是一座被美丽哀婉的神话遮映得朦朦胧胧的山。在这里，司马迁瞻仰帝舜的陵墓，采集了帝舜和舜妃的传闻，然后泛舟沅江、湘江，饱餐湘楚秀色，浏览湘楚风土。其间，他怀着对诗人屈原的仰慕，追寻屈原流放的足迹，钩沉屈原流放的史料，游历了长沙和汨罗江。江边，他触景伤怀，睹物思人，不禁热泪盈眶。"余读《离骚》《招魂》《哀郢》，悲其志，观屈原所自沉渊，未尝不垂涕，想见其为人。"决心用自己的笔为这位伟大的但先秦史籍无名的爱国诗人建筑一块永恒的丰碑。于是，十几年后，《史记》有《屈原列传》。离开湘楚，司马迁北上淮阴（今江苏淮阴），专访淮阴侯韩信的故乡，听说了不少有关少年韩信四处混饭，胯下受辱的趣闻。由此再往北行走，司马迁到了山东曲阜。曲阜，孔学鼎盛，儒风炽热。司马迁谒拜孔陵，瞻仰孔庙，观看孔子遗物，虚心地向当地儒者学习礼乐教化。接着，他又专访临淄，缅怀稷下学宫，一览古都风貌。继而他取道当年孟尝君的封邑薛县（今山东滕县南），采风观俗，深感此地民风剽悍，与曲阜一带的温柔敦厚迥然不同，"其俗间里率多豪杰子弟，与邹、鲁殊"。为此，他请教乡老，才知薛县居民的先人多是孟尝君招集的天下豪杰侠客。《孟尝君列传》中有一位栩栩如生的人物冯骥就是司马迁薛县采访的成果之一。由薛县而南，司马迁行至彭城、沛县。彭城，今江苏徐州，原是楚霸王项羽的都城，也是秦楚交斗、楚汉相争的古战场。沛县，既是汉高祖刘邦的故乡，也是汉代开国功臣萧何、曹参、周勃、樊哙、夏侯婴等人的故乡。游于彭、沛，调查研究，司马迁对楚汉之际主要风云人物的形象成竹在胸。接着，司马迁西至先秦魏国都城大梁（今河南开封）。在大梁，他着重了解有关信陵君无忌的传闻逸事和秦魏决死一战的具体情况，为后人写下了诸如"窃符救赵"的动人故事和秦军引水灌城、魏军抗战三月的激烈战斗。最后，司马迁西出大梁，归于长安。结束了这次历时数年，行程万里的壮游。

回京不久，大约24岁的司马迁在元狩年间当上了汉武帝的郎中官，即侍从官。任务是替皇帝"掌守门户，出充车骑"。因此，他官职虽小，却能扈从爱好巡游的汉武帝流观天下。汉武帝元鼎四年冬（前113

▲ 信陵君窃符救赵

年），他跟着皇帝车队祭兖州（今陕西凤翔县），巡河东，渡黄河，至汾阴，"瞻望河洛，巡省豫州，观于周室"，再取道荥阳，返抵洛阳。次年，他又随武帝西行雍州，越过陇山（今陕西陇县，甘肃清水县一带），登崆峒（今甘肃平凉市西），临祖厉河，再经甘肃回到长安。连续两年的西北之游，使司马迁从容观察了炎黄氏族的古老地盘，丰富、深化了他对民族古史的认识，极大地帮助了《五帝本纪》《夏本纪》《殷本纪》《周本纪》的写作。武帝元封元年（前110年），司马迁东行齐鲁，参加武帝在泰山举行的封禅大典，事后又跟随武帝东行海上，北至碣石，巡辽西，历北边，至九原，沿"直道"，"观蒙恬所为秦筑长城，亭障"，南归长安，周行计18000余里。《史记·封禅书》及《蒙恬列传》的主要内容就取材于这次封禅泰山、巡视北边的所见所闻所感。而在此之前，司马迁还曾"奉使西征巴蜀以南"，深入少数民族的生活住地，耳闻目睹了西南民俗，西南物产，以及西南各族的历史和现状。《史纪·西南夷列传》即是司马迁出使西南的结晶。

汉武帝元朔三年（前126年）至元封三年（前108年），38岁的司马迁积18年周游祖国的经验和文化考察的收获，在继承父职担任太史令的岗位上，全力以赴，开始撰写《史记》。到汉武帝太始四年（前93年），司马迁54岁时，他花费了16年时光，忍受了因"李陵之祸"而惨遭宫刑的奇耻大辱，发愤著书，终于向历史报告了一个令人额手称庆的消息——"近自托于无能之辞，网罗天下放失旧闻，考之行事，稽其成败兴亡之理，凡百三十篇"——是为"究天人之际，通古今之变，成一家之言"的《史记》。可以断言，如果司马迁不曾周游祖国，考察文化，他就不可能在他的人物"纪""传"中塑造出如项羽、冯骥、韩信等一系列血肉饱满、个性鲜明的人物形象；就不可能把楚汉战争的地理环境描述得清晰有致、江山如望；也不可能自然地、大量地融化民间口语、民间谣谚；更不可能写出《河渠书》《货殖列传》来详细介绍大汉帝国的水利工程、交通网络、物质资源、民风民俗……简言之，如果没有这段旅游经历，司马迁和他的《史记》断不会取得垂范千古的纪传体史学和传记体文学的光辉成就。

■ 汉代的游宦

汉代，像司马迁那样做大学问、大事业而漫游祖国的知识分子毕竟是人中麟凤。一般文人则热衷于游乐都邑，交结权贵，竞走仕途，旅居宦海，称之"游宦"。

汉中期，朝廷削藩，打击诸侯，并针对游士依附诸王，策划叛乱，助纣为虐，先是狠加惩处，如元狩元年，武帝下令逮捕淮南王刘安、衡山王刘赐的宾客党羽，牵连致死者达数万人；继而颁布《左官律》和《附益法》，歧视王国官员，限制士人与诸王交游。然后，朝廷又以办太学，察孝廉，策问贤良，鼓励平民上书言事和贡辞献赋等畅开仕途，"征天下举方正贤良文学材力之士，待以不次之位"。如吴人枚皋千里来京，"上书北阙，自陈枚乘之子，上得之大喜"，"诏使赋平乐馆，善之，拜为郎"。又如山东平原人东方朔西入长安，在"四方之士多上书言得失"的竞选中，以"文辞不逊，高自称誉，上伟之，令侍诏公车"。遂使各地文人纷纷离乡去国，奔赴京都，或直诣宫门，毛遂自荐；或拜谒权贵，借力晋升；或广交朋友，沽名钓誉。这种以谋取一官半职为目标的文人旅游因为不再具有纵横鼓吹、朝秦暮楚的特征，所以不称游说，只称游宦。

游宦自西汉中期到东汉末年非常盛行，恒、灵二世，尤其热烈。当时，不仅天子喜欢"于鸿都门下，招会群小"，一般公卿大夫、州牧郡守、豪门望族也因政治倾轧、党同伐异和传播声誉、欺世盗名，广接宾客，遍纳游子。如汉阳书生赵壹旅游洛阳，交结官僚，"名动京师，士大夫想望其风采""州郡争致礼命"。于是，为名为利，东汉中下层文人"离其父兄，去其邑里"，或游京师，或谒州郡，"窃选律、盗荣宠者，不可胜数"。而权贵之家则"冠盖填门，儒服塞道，饥不暇餐，倦不获已""送往迎来，亭传常满"。但是，能够像赵壹那样因游宦而大出风头的人终归是少数，大多数游宦者虽然积极奔走，却因政治的黑暗，察举制度的名存实亡及残酷的"党锢"而问津无门，乃至"或身殁于他邦，或长游而不归，父母怀茕独之思，思人抱东山之哀，亲戚隔绝，闺门分离，无罪无辜，而亡命是效"。因此，东汉后期的游宦，一方面人数众多，另一方面失意者也越来越多。这群失意者东游西荡，处处碰壁，政治上的锐气被仕途的渺茫磨损殆尽，不禁悲观厌世，痛感"生年不满百，常怀千岁忧。昼短苦夜长，何不秉烛游"？转而利用游宦，涤荡情志，及时行乐。

两汉游宦比起帝王巡游、海上探险、塞外远征和万里考察等，虽然平凡无奇，但卷进了千千万万的读书人，牵动了千千万万个家庭，涉及面广，影响面大。同时，在长期的游宦中，大批功名未就的游子逐渐将眼光由追逐名利转到享受人生，使原属功利性质的游宦浸透了人生无常，及时行乐的色调。是汉代中下层知识分子一种旷日持久，风格悲凉的旅游。

第三节　秦汉旅游资源的开发

■ 广开游路

广开游路是秦汉旅游的突出成绩。所谓"治驰道，兴游观"就是当时最引人瞩目的筑路工程。前220年，秦始皇首次巡游，亲身体验了交通的坎坷、旅游的艰辛，回到京城后，便下令全国大修驰道。驰道是一种能让车马快速奔驰的宽广大道。它以咸阳为中心，连接各地重镇要塞，历经陕西、甘肃、河南、山东、山西、江苏、安徽、浙江、湖北、湖南、四川等12个省份。《汉书·贾山传》说：

秦为驰道于天下，东穷燕齐，南极吴越，江湖之上，滨海之观毕至。道广五十步，三丈而树，厚筑其外，隐以金椎，树以青松。

扼要地描述了秦代驰道四通八达，坦荡如砥，绿荫葱茏的恢宏气派。现在，两千多年过去了，专家学者实地查考，仍发现秦驰道的余宽超过了45米。不过，这种驰道主要是供帝王巡游的"天子之道"，不准一般人随意行走。如果未经许可擅自"骑乘车马入驰道中，已论

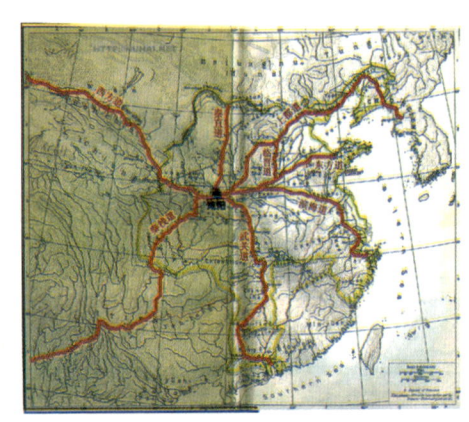

▲ 秦驰道示意图

者没入车马被具",而得到许可的人则可以在驰道上面的"旁道"上通行。可见驰道的管理是比较严格的。秦始皇因巡游而筑的驰道体现了王道荡荡的大一统思想,它不仅为秦汉帝王游览大江南北,视察黄河上下铺平了道路,并且为秦汉的王朝统治、经济平准、军事调动带来了极大的便利,是秦汉帝国陆上交通的大动脉。

驰道以外,秦始皇在第四次巡游之后,于前213年还下令修建了一条由云阳(今陕西淳化西北)直通九原(今内蒙包头西)的直道。"直道",顾名思义,就是两地之间按直线距离开凿的大道。它的完工使西北陆路有了一条平坦宽阔的主干线。

修路,秦始皇积极,汉武帝也不遗余力。如建元六年(前146年),他即因对外邦交的需要,经营西南夷,新辟了两条重要通道,一条从僰道(今四川宜宾西南安边场)经牂江达于夜郎(今贵州关岭县),称"夜郎道",另一条从牂柯(今贵州凯里西北)经灵山,孙水达于邛筰(今四川荣经西),称"灵山道"。《史纪·平准书》说:"唐蒙、司马相如开通西南夷,凿山通道,作者数万人,千里负担馈粮,率十余钟致一石。散币与邛僰以集之。数岁,道不通,蛮夷因以数攻。吏发兵诛之,悉巴蜀租赋不足以更之。"工程的浩大和艰巨着实令人乍舌。元封四年(前107年),汉武帝又因巡游的需要,在雍州(今陕西凤翔县南)和肖关(今宁夏团原东南)之间筑"回中道"。这条回中道打通了北出肖关的险阻,是古代最早勾连陕西、宁夏地区的荡荡王道。

秦汉时,内陆航道也有所增加。如秦始皇开灵渠,汉武帝开渭渠,东汉光武帝开阳渠,东汉孝明帝开汴渠等。这些运河渠道的挖掘,有些固然出于漕运或军事目的,但也有一些的确是为了天子的巡游。

旅游促进交通,交通促进旅游。这种互为因果的辩证关系,在秦汉时代表现得尤其清楚。

开发名山

开发名山也是秦汉旅游的突出成绩。秦始皇之前，中国已有夏禹定"九山"的传说。这九座名山，有人说是浙江的会稽山，山东的泰山，山西的王屋山，河南的首山，陕西的太华山，陕西的岐山，山西的太行山，山西的羊肠坂，河南的孟门山。但"九山"是否就是这些山以及夏禹规划"九山"这件事本身是否可靠便很难说了。可以肯定的是，先秦时的各民族和各王国都有各自崇拜的神山、各自标榜的名山。如周民族的稷王山（今山西稷山县南），楚民族的九嶷山，晋国的太行山，齐国的牛山，吴国的姑苏山等。但真正被天下公认并得到较好开发的名山实寥寥无几。秦始皇鞭挞四海，广游宇内，制定祭祀名山大川的制度，始令臣下统一名山，公诸于世。《史记·封禅书》说：

自五帝以至秦，迭兴迭衰，名山大川或在诸侯，或在天子，其礼损益世殊，不可胜记。及秦并天下，令祠官所常奉天地名山大川鬼神可得而序也。

所谓"得而序"是说秦王朝清理、整顿了原来众说纷纭的名山大川。把它们点了点名，排了排队。确认了必须祭祀的十二座名山，即东部的太室、恒山、泰山、会稽、湘山，西部的华山、薄山、岳山、岐山、吴岳、鸿冢、渎山。这些钦定的名山，地方官府自然要负起看管和养护的责任。而其他一些被皇帝巡幸游览的山头，朝廷与地方官府也是不惜工本，费力建设。如秦始皇数次光顾的琅邪山，即因此而筑路盖馆，刻石树碑，营造台榭，

并骤然间增加了特地从各地迁来的三万户居民，旅游环境大为改善。汉武帝登山临河，尤敬鬼神，祭祀名山，更加考究。我国著名的"五岳"制度就是在武帝的时候开始形成的。按先秦典籍，《尚书·尧典》已有"四岳"一词，但它指的是尧时分管四方诸侯的四位大员。这四位大员的真实身份当是原始部落联盟中几个比较强大的部落发言人。所以每逢大事，帝尧总是要先和"四岳"商量。后来，大约在周代，人们始以"四岳"指称四座名山，所谓"四岳三涂"。又有人以"五岳"指称五座名山，所谓"五岳视三公，四渎视诸侯"。但这"四岳"或"五岳"究竟指什么山，先秦人的文字没有明确记载。联系到秦始皇序列山河，巡游天下也都没有提到"四岳"或"五岳"，但我们至少可以断定，无论"四岳"还是"五岳"在西汉以前还不是一个确定的制度。汉代，儒家经师迎合武帝巡游、封禅的嗜好，编出了帝舜巡狩"五岳"的故事：

岁二月，东巡狩，至于岱宗。岱宗，泰山也……五月，巡狩至南岳。南岳，衡山也。八月，巡狩至西岳。西岳，华山也，十一月，巡狩至北岳。北岳，恒山也。皆如岱宗之礼。中岳，嵩高也。五载一巡狩。

是为儒家者流规划的"五岳"。而当时的方术之士也假托黄帝杜撰出一套"五岳"的神话：

天下名山八，而三在蛮夷（指海中三神山：方丈，逢莱，瀛州），五在中国。中国华山，首山，太室，泰山，东莱。此五山黄帝之所常游，与神会。

这是为神仙家宣扬的"三山五岳"。对这两家的说法，汉武帝似乎倾向前者，但因衡山太远，他未曾去也不打算去，遂在游途中亲自赐封天柱山（今安徽潜山县境）"号曰南岳"。至此，"五岳"即东岳泰山，西岳华山，北岳恒山，南岳天柱山，中岳嵩山，才正式得到了朝廷的认可。开始名正言顺地接受朝廷大量人力、物力、财力的投资。

如汉武帝曾令三百户居民专门供奉嵩山的祭祀，并在嵩山为这批居民设置了居民区，称为"嵩高邑"。而东岳泰山受惠尤多，汉武帝一生屡上泰山，每上一次，必有建树。如元封元年（前110年），武帝东上泰山，"乃令人上石立之泰山巅"。同年，他再上泰山行封禅大典，特置"奉高邑"供养泰山的祭祀，又下令"奉高作明堂"，还诏令"诸侯各治邸泰山下"。其他如华山、天柱山、恒山也因皇帝的光顾逐渐热闹。其后，历代封建王朝都效法秦汉，在巡游、祭祀、封禅的旗号下，不断开发着以"五岳"为代表的名山胜境。

■ 秦苑汉宫

大兴游乐场所主要是秦汉宫廷旅游煽动起来的浮华之风。皇家与贵族的宫馆苑囿、山庄别墅、歌台舞榭，似雨后春笋，遍地开花。仅秦始皇称帝之后的十年，他所修筑的宫馆集于关内的有300余座，散于关外的有400余座。其中最浩大的游乐工程是他在位的第八年，借口"咸阳人多，先王之宫廷小"在渭水南岸上林苑内兴建的阿房宫。这座阿房宫：

东西五百步，南北五十丈，上可以坐万人，下可以建五丈旗。周驰为阁道，自殿下直抵南山。表南山之巅以为阙。为复道，自阿房渡渭，属之咸阳，以象天极阁道绝汉抵营室也。

为此而投入的人工多达70余万，为此而耗费的资财则不计其数。所谓"蜀山兀，阿房出""负栋之柱，多于南亩之农夫""直栏横槛，多于九土

▲ 阿房宫遗址

之城廓"。以至于项羽入关把这座宏侈巨衍的宫殿当作秦始皇暴政的象征而付之一炬。汉武帝巡游全国，所到之处，也宫馆高筑。所谓"君国各除道缮治宫观名山神祠所，以望幸矣"。如《汉书·枚皋传》说武帝东巡狩，"游观三辅离宫馆，归山泽，弋猎射驭狗马蹴鞠刻镂"即是一个小例子。大例子有如上林苑。上林苑本是秦始皇开辟的专供自己在巡幸途中休息、游乐所用的，规模不大。轮到汉武帝手中，他为了满足占有天下美景和海中三神山的欲望——广开上林，东南至宜春，鼎湖，御宿，昆吾，旁南山；西至长扬，五柞；北绕黄山，滨渭而东；周袤数百里。穿昆明池，象滇河。营建章，凤阙，神明，坂娑，渐台，太液，象海水周流方丈，瀛州，蓬莱。游观侈靡，穷妙极丽。

这段话引自汉宣帝时经常陪同皇帝巡游上林的扬雄《甘泉赋》，而汉人的另一本书《三辅黄图》说得更具体。它说上林苑方圆三百里，衔山抱水，内有大池六个。如昆明池周匝四十里，池上面积三百三十二顷，可让水军的百艘楼船横冲直撞。太液池则有海中"三山"，山上金石鱼龙，云蒸霞蔚；山下荷菰连绵，水鸟翔集。并说上林苑还精心修筑了许多城廓、鱼台、犬台、兽圈和七十余座离宫别馆。如开有千门万户的建章宫，高达二十丈的凤阙，五十丈的井干楼等。真是"天上人间诸景备"，"多少功夫筑始成"了。东汉的明帝、和帝、安帝也因巡狩游观而热衷于"修宫室""起苑囿"。他们的离宫苑囿主要集中在东汉首都洛阳的郊外，或"因原野以作苑，顺流泉而为沼"，让鱼藻满池，禽兽驰骛；或"于昭明堂，明堂孔明"，让皇帝参天拜地，颂神颂祖；或"乃流辟雍，辟雍汤汤"，让皇帝造舟为梁，迎宾会客；或"乃经灵台，灵台既崇"，让皇帝登高览胜，赏心悦目。其宏大奢靡的程度，均不亚于西都长安的建置。所以班固《东都赋》得意地说，西都的"建章，甘泉，馆御列仙，孰与灵台，明堂，统和天人"？

上行下效，一般王公贵族也不惜工本，大造山庄别墅。西汉时，居国东南的吴王刘濞筑园构池，丽甲天子。《汉书·枚乘传》说武帝"修治上林，杂以禽宫，积聚玩好，圈守禽兽，不如（吴王）长州之苑；游曲台，临上路，不如（吴王）朝夕之池"。与刘濞相邻的梁孝王刘武也曾营造了一座"兔园"，地址在今河南商丘县东，园中筑百灵山，落猿岩，栖龙岫，雁池，鹤州，凫渚；奇果佳卉，千红万紫，珍禽异兽，应接不暇；更兼宫馆相属，廊腰曼迴，雨亭星散。枚乘因之作《梁王兔园赋》盛赞其抱山衔水的宏丽及人工开物的精美。又有袁广汉者，于洛阳北邙山修自家庄园，东西长四里，南北宽五里，构石为山，罗列珍奇，巧夺造化。东汉时，大臣梁冀的苑囿，西至弘农（今河南灵宝），东抵荥阳（今河南荥阳），南入鲁阳（今河南鲁山），北及黄河，淇水，方圆达千余里。又有茹皓者，采北邙山与南山佳石，高筑楼台，引泉莳花，费尽心机。

这些由秦汉的帝王将相和士族豪强争先恐后兴建起来的宫馆苑囿、山庄别墅，毫无疑问，要使人民和国家大伤筋骨，东汉名士梁鸿就曾经在北邙山上遥望洛阳的游乐工程叹息连声："宫室崔嵬兮，噫！民之劬劳兮，噫！辽辽未央兮，噫！"但是，这些豪华壮丽的游乐工程集中体现了当时园林建筑的最高水平，它们的拔地而起，装点了自然，美化了山河，即便身受修建之苦的劳动人民也莫不引颈相望，一睹为快。如汉武帝曾经摆出"与民同乐"的姿态，特许民间百姓进出上林苑观看盛大的杂技晚会，欣赏苑景和"角抵百戏"，消息传出，上林苑人山人海，"三百里内皆来观"。这就一定程度地带动了当时社会的旅游活动，鼓励了当时群众的旅游兴致。且秦汉之后，那些留存完好及残存的秦汉游乐场所依然魅力不减，招徕了无数瞻仰观光的游客，吸引了许多凭吊古迹的行人。诗云"鸟下绿芜秦苑夕，蝉鸣黄叶汉宫秋"就是唐人临墟怀古的名句。

第四节　魏晋南北朝时期的特色旅游

魏晋南北朝时期，秦汉那种昔日万里作客、万里长征的恢宏气象散落殆尽，代之而起的是焕发着浓郁的思辨、宗教和抒情色彩，让人生在山水中超脱，放灵魂于自然中净化的山水旅游活动——玄游、仙游、佛游。

■ 玄游

玄游山水、会意风景是魏晋南北朝文人，在他们生活的那个连金刚石的宝刀也要生锈的时代，所极力推崇的高情远志、名流风范。

玄，本指道家精深微妙的哲理。《老子》所谓"玄之又玄，众妙之门"。后来，人们把魏晋时由王弼、郭象等人倡导的以老、庄思想为本的唯心主义哲学亦称之为玄学。而一般文人，不管出身如何，皆不喜俗务，清淡玄虚，钟意自然山水，形成了一种旨在参悟玄机、印证玄理和陶冶人的自然之情、自然之性的游山玩水热潮，是谓玄游。

玄游之风，起于正始。曹魏正始年间，统治集团内部勾心斗角，尔虞我诈，当权的司马氏家族党同伐异，手段阴险残酷，用心穷凶极恶。许多正直的官僚和读书人痛恨现实，畏惧横祸，思慕老、庄，研究玄学，日以玄谈为荣，以玄游为尚，以山水为友。当时，名闻遐迩的一批玄学中人，阮籍、嵇康、向秀、刘伶、阮咸、王戎、山涛等，年轻时相

见恨晚,常常千里聚会,联袂出游,在碧绿幽静的竹林里肆意酣畅,时人誉为"竹林七贤"。"竹林七贤"以阮籍、嵇康的游风最具特色。

西晋,寿命格外短促,政治亦特别黑暗,玄风则越发盛行。追步嵇、阮,玄游山水,事在典籍的名流逸闻屡见不鲜。如山西人王衍和张华、裴頠、王戎等游观洛水,妙谈名理学问而载诸《世说新语》。

又如四川人伊藉东游吴越,善称吴中的土地人物"其山崔巍以嵯峨,其水浃渫而扬波,其人磊石可而英多",载诸《语林》《三秦记》。而更多的文人如陆机、潘岳则用自己的诗文记述了自己的游踪与玄想。

东晋,河山半壁,偏安江南。江南山重水复,柳暗花明,风物琳琅,生活优裕。大批南渡衣冠和土著缙绅惊魂稍定,玄心愈炽,以更为疏放的名士派头,在如诗如画的南国山水中参玄悟妙,朗吟长啸、如谢安、王羲之等人。

孙绰(314—371年),字兴公。太原中都人。其人"少以文称",以"一吟一咏",风流自赏,且酷爱玄谈,酷爱山水。未当官时,曾特地在会稽连绵的东山脚下,茂密的树林边上,筑室野居,优游吟咏。当官之后,秉性不改,常结伴玄游,流连风景,或登高作赋,或临水赋诗,是东晋最有名气的一位擅长在玄游中以山水景物开篇,以玄学微言作结的玄言诗人。

陶渊明(365—427年),字元亮。一说名潜,字渊明。世号靖节先生。

浔阳柴桑（今江西九江）人。是中国古代最杰出的田园诗人。陶渊明"少无适俗韵，性本爱丘山"。40岁之前一度出仕，41岁弃官归隐，村居庐山脚下。从此，游乐田园，寓形山野，得意自然。有时，他"采菊东篱下，悠然见南山"；有时，他"策扶老以流憩，时矫首而遐观"；有时，他"或命巾车，或棹孤舟，既窈窕以寻壑，亦崎岖而经丘"；有时，他"登东皋以舒啸，临清流而赋诗"；有时，他还攀登庐山，找慧远和尚与陆修静道士谈天说地，交游交心。是东晋末年，只近游、不远游的玄游家。

南朝宋齐时，"丘壑每淹留，风云多赏会"更是士人才子的风游韵事。但旨趣已较魏晋有所变化。魏晋玄游重乎思辨，旨在钩沉玄理。东晋简文帝司马昱所谓"翳然山水，便自有濠濮间想"，陶渊明所谓"山气日夕佳，飞鸟相与还。此中有真意，欲辩已忘言"，讲的都是游观山水应该"应目会心""寻言以观象，寻象以观意"，遐思人生和宇宙的真谛。而南朝玄游虽然也少不了清谈玄虚，但它已逐渐变为了游乐的表面文章，变为了游乐的一种噱头、一种装潢，时人看重的主要是赏心悦目的享受，追求的主要是对自然山水景物的审美快感。代表人物有谢灵运、谢朓、鲍照等。

南朝梁、陈时，山水游风愈盛，山水游客愈多。比较知名的有吴均、庾肩吾、王僧儒、何逊、阴铿等。这群文人比大谢、小谢，更为专注山水造型，山水气韵的欣赏，更加淡化了玄学的意味。

■ 仙游

辗转奇山异水，锤炼仙风道骨的仙游活动也是魏晋南北朝旅游史上的一种时髦。

仙游，本是秦汉神仙家及方术之士鼓吹的把戏。秦皇、汉武的巡视名山大川即含有浓厚的访神问仙的成分。但秦汉时的仙游活动大致囿于宫廷和方士的圈子,尚未能形成一股影响社会的风气。它的流行,实出于道教的法门。

魏晋南北朝仙游队伍的骨干是信奉道教的文人学士。最负盛名的仙游家有葛洪、陆修静、陶弘景等。

葛洪(283—363年),字稚川,号抱朴子。东晋丹阳句容(今江苏地区)人。做过将兵都尉、伏波将军、广州参军,以功赐爵关内侯。其人自幼爱好读书,但对儒家经学不甚了了,"竟不成纯儒,不中为传授之师"。唯精研道术,编撰了我国历史上第一部全面论述道教宗旨、哲理、仪式、方法的著作——《抱朴子·内篇》,是道教理论的奠基人之一。据说,他在动手写书之前,为了广泛收集道教的神术仙方,曾经广游大江南北,周旋于徐(治所在今江苏镇江)、豫(治所在今河南汝南)、荆(治所在今湖北江陵)、襄(治所在今湖北襄樊)、江(治所在今江西九江)、广(治所在今广东广州)之间,遇山访山,逢水问水,交结了许多道友,得到了许多秘笈,看到了许多胜景。如他路过赣州兴国县(今江西兴国),"见山灵水秀,遂结庐筑坛,凿池洗药",留下四言《洗药池诗》一首:

洞阴泠泠,风佩清清。
仙居永韧,花木长荣。

并在游历途中对登山涉

▲ 葛洪像

水的法术作了一番专门的研究，写了一篇专门的文章，即《抱朴子·内篇·登涉》。这篇《登涉》虽然鬼话连篇，但它吹嘘的歪门邪道，例如背上挂一面小镜子，怀中揣一只登山符就可以驱赶妖魅，逢凶化吉，在当时还真的鼓起了仙游者旅游山水的胆量。

陆修静（406—477 年），刘宋时吴兴（今浙江）人，道士。相传道教的基本理论著作，如《道藏》的《三洞部》，即《洞真部》《洞神部》《洞玄部》的编撰都离不开陆修静。在他的手中，道教"述科定制，渐见绪端"，使庞杂纷纭的道教组织，道教戒律，斋醮仪式与神仙家谱开始整齐划一。被后人称为道教史上的一代宗师。这位大宗师云游四方，走遍了巴山蜀水，蛮荆瓯越，阅历丰富，见闻广博，是古代道门中一位读万卷书、行万里路的山水旅游家。其人晚年道隐庐山金鸡峰简寂观，但仍游兴不减，和住在庐山东林寺的名僧释慧远、住在庐山山下栗里村的诗人陶渊明，或来或往，同游同乐。师风如此，他的门人孙某便干脆把自己的名字叫作孙游岳了。

孙游岳的弟子陶弘景，青出于蓝而胜于蓝，更是道门中一位逍遥山水的名流。

陶弘景（456—536 年），字通明。丹阳秣陵（今江苏江宁）人。《南史·陶弘景传》说他"幼有异操，年四五岁恒以荻为笔画灰中学书。至十岁得葛洪《神仙传》，昼夜研弄，便有养生之志，谓人曰：'仰青天，靓白日，不觉为远矣。'"又说他"善琴棋，工草隶""性好著述，尚奇异，顾惜光景"，且精通阴阳五行，风角星算，山川地理，方圆产物，医术本草，帝代年历。不到 20 岁便在萧齐朝廷里当上了诸王侍读。齐永明十年（492 年）辞官，隐居句容县句曲山的华阳洞，自号"华阳陶隐居"。梁武帝即位，凡国家有"吉凶征讨大事，无不前以咨询"，陶弘景则以书信相报，人称"山中宰相"。梁天监四年（505

年），移居积金东涧，大同二年（536年）卒，时年58岁，诏赠太中大夫，谥曰"贞白先生"。

贞白先生是继葛洪、陆修静之后的道教领袖，隐居40余年。他先拜东阳（今浙江金华）人孙游岳为师，学习符图经法，尔后广搜博采，著《真诰》阐发道教的基本理论；著《真灵位业图》建立层次分明的道教神谱；著《养性延命录》讲述道教养气长生的法术；他练丹，"色如霜雪，服之轻体"；他铸剑、铸刀，"并为佳宝"；他造浑天仪，"转之如天相合"；他研中草药，"考校名类，莫不该悉"。时人说他："张华之博物，马钧之巧思，刘向之知微，葛洪之养性，兼此数贤，一人而已。"后人更说他"洞识古今，事炳山世……乃玄中之董狐，道家之尼父"。

陶弘景在道教上的所成所就，和他的仙游活动是密不可分的。《南史·陶弘景传》说他刚一归隐就开始"遍历名山，采访仙药"，四十余年，坚持不懈；且游乐之心的强烈，游乐之趣的高雅又胜出一般道教徒众，是南朝出类拔萃的仙游大家。

陶弘景仙游，固然志在神仙、乐在神仙，亦志在山水、乐在山水。在他的心里，自然山水本来就是超脱尘世的人生归宿。

当他修行江南在江苏茅山（即句曲山）、江西阁皂山、浙江天目山等地游仙访道时，每逢秀丽景色，尤其是幽幽的翠谷，潺潺的溪流，"必坐卧其间，吟咏盘桓，不能已已"。他又特别爱听山上的松涛声，在句曲山"筑三层楼""庭院皆植松，每闻其响，欣然为乐"。此时此刻，什么采药炼丹，服气导引的事大约要被他忘得干干净净了。这等心旷神怡，长年不断的山水旅游增进了陶弘景的身心健康。"自隐处四十许年，年逾八十而有壮颜。"甚至临棺入敛，仍然"颜色不变，屈伸如常"，使道友香客倾心羡慕，奉若神明。在他的影响下，不但信道者步其后尘，蹈其游踪，就连许多不信道的文人士大夫也常常以仙游为名，登山临水，适情自娱。

■ 佛游

与道教仙游之风的兴起几乎同时，另一种宗教旅游——佛教徒的旅游，姑且称为佛游或释游，也引人注目地活跃起来。

佛教本是恒河流域的异国宗教。它的创始人悉达多，族姓乔达摩，传为净饭王太子，出生在迦昆罗卫（今尼泊尔王国境内），生卒年与孔子约略相当。他极毕生精力缔造的佛教是世界三大宗教之一。佛教徒尊称他为释迦牟尼，我国民众则喜欢称他佛祖或如来佛。如来佛的教义传入中国，最初是在西汉后期的哀帝年间。但汉代人看佛教，只不过把它看作神仙方术的一种，礼尚浮屠者屈指可数。一般"世人学士，多讥毁之"，"俊士之所规，儒林之所论，未闻修佛道以为贵，自损容以为上"。佛教的时来运转，有待六朝。六朝，兵荒马乱，苦海无边，宣扬轮回报应、省欲去奢、好善乐施、戒斗禁杀的佛教，以救苦救难的大慈大悲为芸芸众生带来了心灵上的一片光明。因而，名声大噪，门庭若市。顶礼膜拜者不计其数，摩顶受戒者络绎不绝，流风广被，遍及民间。而上层社会也因"家弃章句，人重异术"的文化心态，"为学穷于柱下，博物止乎七篇"的玄谈风尚，鼓掌欢迎佛教哲学中那些也是玄

▲ 释迦牟尼画像

之又玄的禅机佛法。佛教徒则乘势而入，依附玄理，成了文人士大夫的座上宾。很快，这门外来宗教佛教便和玄学称兄道弟，一同渗透进了中国的政治、经济、思想、艺术各个领域，并和中国的旅游结下了不解之缘。

因佛教而起的旅游，所谓佛游，主要有两种活动：一种是为传经、取经开展的中外旅游；另一种是为居静修闲，清谈佛理开展的山水旅游。

佛教来华，一靠异域传教者东来传经，一靠中国信教者西行取经，这里就不一一列举了。

第五节 秦汉魏晋时期的旅游制度

■ 秦汉旅行制度

以法家立国的秦代,建立了完善的旅行法规。除了维护统治的"车同轨"规定外,在《秦律》中又制定了针对旅行的相关法令,如《游士律》《戍律》《捕盗律》《行书律》《传食律》《关市律》等,意在禁止非法旅行,保护合法旅行并维护交通秩序。其中规定:公务人员出差外地须持符节(相当于今天的介绍信和身份证);一般百姓如欲迁徙或旅行则须持有符传(相当于介绍信和通行证);商贾到外地从事商务旅游,应查验符传,并交纳商品税和过境税。对于私人逆旅业,政府也规定了严格的法令:旅馆主人必须检查前来投宿的旅客的符传并登记在册。如果接待了无符传或伪造符传的旅客,旅馆主将与旅客一起受到惩治。防守关卡的将卒,必须查验旅客的符传,渎职者究治。对于冒名顶替和篡改符节的游人,须交司法机关严处。在打击非法旅行的同时,秦朝对合法旅行进行保护。《秦律》规定:"有贼杀伤人冲道(即要冲之道),偕旁人不援,百步中比野,当赀二甲。"其意谓,当旅客在交通要道上旅行受到盗贼袭击并被杀伤时,百步以内的人看见了而不援救者,将按野斗的性质惩处,罚款两领衣甲的实物。该律还规定:官方驿传和私人逆旅的负责人,必须保证旅客的生命和财产

▲ 出猎图

安全，以及旅客的合法供应。秦代旅行制度还制定了君臣出行时的等级规范：皇帝出行的仪仗规模和排场要超过臣下，而臣下旅行时不能接近皇上，必须回避。秦始皇曾看到丞相李斯出行时仪仗盛大，颇感不悦，侍从将这一情况密报李斯，李斯立即减少随从车骑，以免冒犯皇帝。

汉代的旅行法规强化了以"贱避贵"为原则的旅行等级制度。这既是为了维持旅行时交通道路的正常秩序，也是为了维护等级制度及其伦理观念。可以说，旅行中的交通秩序的维护与社会中等级制度的保持是一脉相承的。汉代旅行制度规定，皇帝出行，仪仗须繁盛，可以"备千乘万骑"。司马相如的《子虚赋》反映了汉武帝"王车驾千乘，选徒万骑"的状况。扬雄的《甘泉赋》也曾描述皇帝乘舆出行时"敦万骑于中营兮，方玉车之千乘"的盛大场面。

汉朝还规定了按身份等级拥有档次不同的交通工具的制度。帝王所乘车舆必须是最为豪华精美的，随从的车骑人数也必须超过臣下。同时，还规定了旅行中所行道路的等级差别。皇帝行走的是"驰道"（可称为高速马路），宽五十步（相当于今天的69米）。驰道正中三丈宽的道路，是天子御用道路，甚至驰道的某些路段也成为皇帝的专用御道，任何人包括太子在内都不得随意穿行。即使皇帝恩准某些人可行驰道，也是只能"行旁道"，不能行"中央三丈"。武帝时，江充任绣衣使者，见馆陶公主在驰道上行驶，上前阻挡，公主说"有太后诏"，江充便下令"独公主得行，车骑皆不得"，并将公主的随从车骑"尽劾没入官"。

江充还曾遇见太子家使乘车行于驰道，遂将其扣押，太子请求宽免，遭到拒绝。其至太子本人在驰道上行驶和横穿，也被严格禁止。据《汉书·成帝纪》载：成帝为太子时，皇帝急召他入宫，"太子出龙楼门，不敢绝驰道，西至直城门，得绝乃度"，这才进入宫内。皇上怪他来迟，他将情况一讲，皇上很高兴，觉得太子守规矩，于是修改法令，"令太子得绝驰道"。至汉平帝元始元年（1年），朝廷正式"罢明光宫及三辅驰道"，京畿地区禁行驰道的旅行法令宣告废止。

东汉时，恢复了西汉旧制，将宫城及附近的大道的某些路段定为皇家专用的御道。《太平御览》卷一九五引陆机《洛阳记》云："宫门及城中大道皆分作三，中央御道，两边筑土墙，高四尺余，外分之，唯公卿尚书章服从中道，凡人行皆左右。"驰道中央的路面为皇帝专用的御道，两边用四尺高的土墙与外道隔开。但是规定"公卿尚书"等人可行御道。东汉末，由于汉室衰微，曹植不遵避行御道的制度，驰行于驰道之中。据《三国志·魏书·陈思王植传》载："（植）尝乘车行驰道中，开司马门出。太祖大怒。公车令坐死。由是重诸侯科禁，而植宠日衰"。

除了制定专用御道制度外，秦汉时还制定并推行了清道回避制度。所谓清道回避制度奉行的仍然是"贱避贵"原则，在皇帝、贵戚和官员出行时，将道路上的百姓清理开，让前者顺利通过。

■ 宵禁、关禁与通行证制度

秦汉时，宵禁、关禁与通行证制度仍然执行，并对旅游产生了制约和影响。

宵禁就是禁止晚上出行和旅客夜行。据《史记·李广传》载：李广"尝夜从一骑出，从人田间饮。还至霸陵亭。霸陵尉醉，呵止广。广骑曰：

▲ 李广像

'故李将军。'尉曰：'今将军尚不得夜行，何乃故也！'止广宿亭下"。李广身为赫赫有名的将军，仍不得不服从宵禁令，在霸陵亭夜宿以待天明，其他的人就更不用说了。

宵禁令在东汉更为严格，连皇帝都不得违背。东汉初，光武帝刘秀因打猎迟归，违背了宵禁令而进城不得。《后汉书·郅恽传》载："（恽）为上东城门候。帝尝出猎，车驾夜还，恽拒关不开。帝令从者见面于门间。恽曰：'火明辽远。'遂不受诏。"这反映了宵禁令的严肃性令皇帝都无可奈何。东汉时的宵禁令，甚至允许对违禁者格杀勿论。

关禁制度与通行证制度是相协配的制度，官府在交通要隘设关卡检查通行证或身份证。古代关卡包括城门、关隘、路口等处设立的岗哨和检查站，行人至此，须出示通行证或身份证，方可过关，否则将被拘捕入狱。此外，通行证或身份证的检查，还与旅馆的管理制度相配合。旅馆主检查完客人的通行证或身份证后，才能登记住宿，否则，一律拒之不纳。汉文帝十二年二月之前，一直在实行通行证制度。至十二年三月，由于社会趋于稳定，经济开始繁荣，"文景之治"的盛世正在到来，所以文帝下诏废除了通行证和身份证制度。《汉书·文帝纪》载："（十二年）三月，除关无用传。"传，张晏的解释是："信也，若今过所也。"如淳注解道："两行书缯帛，分持其一，出入关，合之乃得过，谓之传也。"李奇则认为："传，棨也。"其实，传既可用帛书写身份，也可用棨（刻木而成之符）写明身份。帛或棨均一分为二，一份由守关者保留，一份由旅行者自己拿着，以备返回关卡时查验。守关人将两份帛或棨一合拢，如相符便放行，若不相符便拘押。显然这种制度比先秦时要严谨得多。

西汉末，过关通行证需要购买，这与终军过关时关吏主动给予"繻"有别。据《后汉书·郭丹传》载，郭丹在西汉末西入长安，过函谷关就是买符入函谷关的，原文说："（丹）从师长安，买符入函谷关，乃慨然叹曰：'丹不乘使者车，终不出关。'"至更始二年，郭丹果然"持节使归南阳安集受降""果乘高车出关，如其志焉"。更始帝败，郭丹历险阻，找到更始帝刘玄的妻子，"奉还节传，因归乡里"。郭丹把出使所持的节以及证明身份兼作通行证的传，还给了更始帝的妻子，表明使臣的气节和信念。

东汉建立后，关禁及通行证和身份证制度有了一些变化。如果旅行者能得到一张官方授予的特别通行证，可以享用官办驿道设施，且沿途有人护送，畅达无阻。据《高士传》卷上载："申屠蟠济阴王子居同在太学。子居病困，以身托蟠，蟠即步负其丧至济阴，遇司隶从事于河巩之间。从事义之，为符传护送蟠。蟠不肯，投传于地而去。"这里的符传相当于一份特别通行证，持之可驰驿而行。尚秉和在《历代社会风俗事物考》中指出："从洛阳至济阴，东行不过关。然从事特认符传，云护送者，盖有符传，即可舍亭驿，免驿，免宿逆旅，行路益便也。"

■ 秦汉旅游风俗

制度是政府制定的法规，而风俗则是民间约定俗成的规矩和风尚。秦汉民间在旅游上也形成了自己的风俗和时尚。

对行神的祭祀和祖道活动,在汉代依然盛行。前153年,被废太子、临江王刘荣因罪被汉景帝征召入朝,临行前,他"祖道于江陵北门,既已上车,轴折车废",江陵父老私下议道:"吾王不反(返)矣!"果然刘荣入朝后畏罪自杀。以轴折车废预示刘荣一去不返,恐怕是古代史家的附会。《汉书·疏广传》记载道:"公卿大夫故人邑子设祖道,供张都门外,送者车数百辆。"这是一次空前的祖道盛会,后来晋代的张协还为此专门写了首《咏史》诗,描绘当时祖道的盛况:"蔼蔼东都门,群公祖二疏,朱轩曜金城,供张临长衢。"汉武帝时,贰师将军李广利率兵出击匈奴前,"丞相为祖道,送至渭桥"。在居延汉简中,也发现了当时祖道的记载:"候史褒予万岁候长祖道钱,出钱十付第十八候长祖道钱,出钱十付第廿三候长祖道钱。"东汉学者蔡邕曾写过一篇《祖饯祝》,以作为祖道时的祝词,其中写道:

令岁淑月,日吉时良。爽应孔嘉,君当迁行。神龟吉兆,林气煌煌。著卦利贞,天见三光。鸾鸣雍雍,四牡彭彭。君既升舆,道路开张。风伯雨师,洒道中央。阳遂求福,蚩尤辟兵。仓龙夹毂,白虎扶行。朱雀道引,玄武作侣。勾陈居中,厌伏四方。往临邦国,长乐无疆。

这篇祝词突出描写了天气晴朗、道路开张、诸神护持而行的景象,是在祈求旅行的顺利和安全。

由于祖道与饯行相随而举行,所以又称为"祖饯"。东汉时有一个京兆尹叫第五永,他升为都军御史后,即将赴幽州任职,众官员都前往送行,举行了祖饯仪式。《后汉书·高彪传》载:"时京兆第五永为督军御史,使督幽州,百官大会,祖饯于长乐观。"可见祖饯在汉代的流行盛况。

汉代还形成了一种新的旅游风俗,即出行前折柳送别。折柳相送似可以在《诗经·采薇》中找到源头:"昔我往矣,杨柳依依。"以柳枝的随风飘摇表示别情的依依,真的是恰如其分。然而,作为一种风俗,折柳送别确切地说是起源于汉代的都城长安。长安的居民为客人送行时,都要送到郊外的灞桥边,然后折下一枝细柳,送给行人,以表送别相思之情。据《三辅黄图》卷六"桥"载:"灞桥,在长安东,跨水作桥。汉人送客至此桥,折柳赠别。王莽时灞桥灾,数千人以水沃救不灭。"灞桥后来重建,取了个吉利的名字叫"长存桥"。

■ 魏晋南北朝的旅行制度

魏晋南北朝时,旅行制度对于前代,或有继承,或有发展。

魏晋朝廷对出行工具和服饰都制定了一系列的制度,不同阶层的出行工具有不同的规定。天子所乘的工具有猎车、游车等。据《晋书·舆服志》载:"猎车,驾四马,天子校猎所乘也。重辋漫轮,缪龙绕之。一名闿戟车,一名躐猪车(魏文帝改名躐兽车)。《记》云'国君不乘奇车',奇车亦猎车也。古天子猎则乘木辂,后人代以猎车也。"此外,还有"游车,九乘,驾四,先驱之乘是也",就是天子出行时的先驱之车。

此外,魏晋朝廷还制定了"远游冠""高山冠"等以旅游为名的帽冠。远游冠地位尊崇。如果晋升高位和禅让帝位,都要给受益者以"远游冠",表明旅游对于晋升者的象征性权利和重要性地位。《三国志·魏书·武帝纪》载:建安十九年三月,"天子使魏公位在诸侯王上,改授金玺,

▲ 远游冠

赤绂、远游冠"。据《晋书·舆服志》载:"远游冠,平上帻武冠。"《南史·宋本纪·武帝本纪》载:"晋帝加帝(指宋武帝刘裕)位相国、总百揆、扬州牧,封十郡为朱公,备九锡之礼,加玺绂、远游冠、绿綟绶,位在诸侯王上。"高山冠则是使者、谒者所戴的帽冠。《晋书·舆服志》载:"高山冠,一名侧注,高九寸,铁为卷梁,制似通天。顶直竖,不斜却,无山述展筒。高山者,《诗》云'高山仰止',取其矜庄宾远者也。中外官、谒者、谒者仆射所服。"应劭曰:"高山,今法冠也,秦行人使官亦服之。"而《汉官仪》云"乘舆冠高山之冠,飞翮之缨",然则天子亦有时服焉。《傅子》曰:"魏明帝以其制似通天、远游,故改令卑下。"看来,其地位逊于远游冠。

魏晋南北朝的旅行制度还包括宵禁。据《三国志·魏武纪》裴松之注载,曹操为洛阳北部尉时,"小黄门蹇硕叔父夜行,即杀之"。足证对犯夜之人处罚很严。晋代的宵禁制度仍时见记载。《世说新语·政事》说:"王安期作东海郡,吏录一犯夜人来。王问'何处来?'云:'从师家受书还,不觉日晚。'王曰:'鞭挞宁越以立威名,恐非致理之本。'使吏送令归家。"所谓"犯夜人"就是违反宵禁令的人,从王承(字安期)的话中可以看出,违反宵禁的人按律当施以鞭刑。但此人十分幸运,遇到了王承这样尊重读书和师道的人,所以免受处罚。宁越,是春秋时爱读书的人,此指犯夜人。《世说新语·政事》还记载了另一件有关宵禁的事:"殷浩始作扬州,刘尹行,日小欲晚,便使左右取袱。人问其故,答曰:刺史严,不敢夜行。"刘尹在天色将冥的时候便打开铺盖睡觉,足见当时宵禁之严。宵禁对象并非专门针对平民,官员也不例外。

旅行秩序和礼仪也是旅行制度的一部分。北魏有避中丞出行的法令。"魏氏旧制,中丞出,清道,与皇太子分路行,王公皆遥住车,去牛，顿轭于地，以待中丞过，其或迟违，则赤棒棒之。"但这一制度，在北齐时一度不行。然而，至武成帝高湛的第三个儿子琅琊王高俨担任御史中丞，迁司徒、尚书令、大将军、录尚书事、大司马后，高湛决定推行旧制："自都邺后，此仪浸绝，武成欲雄宠俨，乃使一依旧制。初从北宫出，将上中丞，凡京畿步骑，领军之官属，中丞之威仪，司徒之卤簿，莫不毕备。"而"帝与胡后在华林园东门外张幕，隔青纱步障观之"。甚至皇帝"遗中贵骤马趣仗，不得人，自言奉敕，赤棒应声碎其鞍，马惊人坠"。高湛不但不怪罪，反而"大笑，以为善。更敕令驻车，传语良久"。旅行秩序一般实行"贱避贵"的原则，但有时候却有模糊地带，出现争路的纠纷。据《魏书·神元平文诸帝子孙·元志传》载：元志，字猛略，为人清辩强干，担任洛阳令时，"不避强御"，一次"与御史中尉李彪争路"，二人一起入见孝文帝，各面陈理由。李彪说："御史中尉避承华车盖，驻论道剑鼓，安有洛阳县令与臣抗衡？"但元志却说："神乡县主，普天之下谁不编户？岂有俯同众官，避中尉？"意思是说，洛阳令是首都父母官，这里的人是洛阳的编户百姓，我怎能与众官一样去避一个中尉？孝文帝判决道："洛阳我之丰沛，自应分路扬镳。自今以后，可分路而行。"二人步出宫门，元志"与彪折尺量道，各取其半"。

 **知识链接**

急脚·快马·飞车

唐代快速驿递称作"急递"，后来又有"急脚递"之称。北宋制度，据沈括在《梦溪笔谈》卷一一"官政一"中介绍，"驿传旧有三等，曰'步递''马递''急脚递'"。其中"急脚递"的速度最快，可以达到"日行四百里"。宋神宗熙宁年间，又设"金字牌急脚递"，据说可以"日行五百余里"。宋、元、明时代，传递官府文书的驿站通称为"急递铺"。凡有官府文书送到，立即传递，不分昼夜，风雨无阻。

民间急行传递书信的人，也称作"急脚"，或又称作"急足""急脚子"。

民间旅游生活的行速，多随行客旅人的个人意愿和条件而各自不同。有行必急切，恨不逐日追风者，南朝宋人鲍照《上浔阳还都道中作》诗即表现了这种旅游生活的风格："客行惜日月，崩波不可留。侵星赴早路，毕景逐前俦。"

然而古人对于行进快速旅游，并不都完全赞同。苏轼有《夜泊牛口》诗，其中写道："人生本无事，苦为世味诱。""今予独何者，汲汲强奔走。"把旅游速度和人生哲学相联系，同时对过于急进的节奏不以为然。

舟船水路旅游，行速更多地受到客观条件的影响。例如水文条件之流量、流速，气象条件之风向、风力等，都可以使舟船行驶速度出现极大的差别。条件的恶化，有时甚至使航行完全变得不可能。

第五章
隋唐宋元时期的旅游

隋唐五代宋元时期是中国旅游史上的另一个重要阶段。隋唐北宋结束了魏晋南北朝三百余年的分裂和战乱，建立了人类历史上最文明的科举制度，迎来了文官宦游的辉煌时期。五代和南宋的分裂，促使南方水上丝绸之路及航海旅游的兴起。

元朝的建立，使得整个欧亚大陆的草原通道得以沟通，中外国际旅游来往频繁，使东西方两大文明区域联系更加紧密，这一时期的旅游文化取得了长足的进步与发展。

第一节　隋唐时期的旅游大发展

■ 经济繁荣下旅游的发展

隋唐是中国古代文明最为灿烂夺目的时代。在这样宏伟壮观的背景下，旅游自然要谱写最辉煌的篇章。造成这一时期旅游高涨的直接原因是经济、文化的高度发展。

唐代疆域辽阔，经济繁荣，文化昌明，声威远播。安史之乱前，达到中国封建社会繁荣昌盛的顶峰，成为当时世界上最强大的帝国。民族的自信心、自豪感，以及人民的创造力都达到了前所未有的高度，社会生活的各个方面无不呈现出活跃的状态。国家的统一、南北的交流，扩大了人们的生活视野。唐人漫游成风，有人甚至漫游过大半个中国。

隋唐时期，随着经济的空前繁荣，各种旅游设施亦同时得到发展：水陆交通畅通，交通工具先进，旅店和驿站遍天下。南北方的旅游城市呈现一片繁荣景象。

当时的水陆交通非常发达。隋炀帝为了加强对江南的控制，也为了自己到江南旅游的方便，下令开凿了沟通南北的大运河。大运河以洛阳为中心，北抵涿州，南至余杭，长达四千里，成为我国南北交通的大动脉。接着，隋炀帝下令在运河两岸种上树木，沿途设置驿站和离宫，为南北的旅游者提供了方便。

到了唐代，水路以东西向的长江水路与南北向的大运河水路为主干。扬州、益州、荆州、广州四大商业名城，除广州外，都在长江水运线上。

当时的陆路交通也四通八达。国内的交通干线称为"贡路"。贡路的中轴线仍然是长安—洛阳一线，并以长安、洛阳为东西轴心，向四面八方辐射出去。

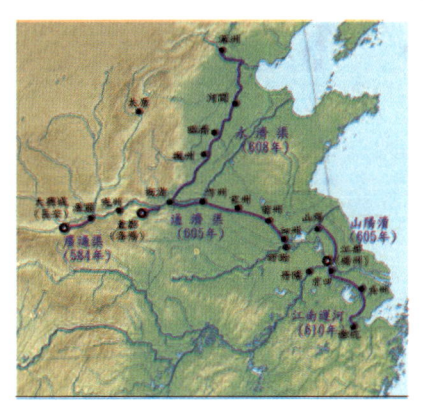

▲ 隋运河分布图

与水陆交通线路四通八达相适应的驿站也很多，并且驿站里面设备齐全。据文献记载，全国官设的驿站共1639所。驿站设置的地点，视实际的地势、资源而定。除了政府设的驿站外，沿路还有私人开的客店，店里备有马、驴。当时修建客店有利可图，如何明远主管官家三个驿站，他又在驿站旁建造客店，接待旅客，从而积累起巨万资财。正是在利益的驱使之下，商人、官僚争着投资开店，以至唐玄宗不得不下令"禁九品以下清资官置客舍、邸店、车坊"。这一方面说明当时开店已成风气，同时也说明社会有这方面的需要。

隋唐时期的交通工具比前代又有了进步。当时的坐乘之车已经在社会上普及了，车的形制也更多、更便于使用了。据《隋书·礼仪志》记载："今辇制象辂车而不施轮，用人荷之。"没有轮的"车"，用人抬着走，这就是肩舆。肩舆的品种不少：有软舆，铺着厚厚的裀褥；有腰舆，不是抬在肩上，而是两人搭着，只有腰高，便于年老体弱者上下。在山区，这种肩舆用得比较多。当年武则天到万安的玉泉寺去时，就因为山路危悬，要用肩舆上下，却被王方庆谏阻了。

交通工具朝着方便旅行的方向发展，这是必然的。运输工具朝着高速度、大运载量方向发展也是必然的。如长江上的"俞大娘航船",船上可以开巷为圃,种植瓜果蔬菜。船家生老嫁娶之事,全可在船上操办,仅船夫就雇佣了数百人之多。南到江西,北到淮南,每年只要往返一次,就能大获其利。这种私人巨型航船的出现,标志着唐代私营运输业的兴盛,也标志着私人造船业的发达。

唐代的旅游城市与前代相比,不仅数量增多,而且更加繁华。当时的长安、洛阳、扬州、杭州、成都、广州等大城市都非常繁华。长安城里大街小巷相通,店铺、旅店、茶馆、酒馆、饭馆比比皆是,旅游商品琳琅满目。长安还专门设置了不少邸店,是供客商堆货、寓居、进行交易的行栈。邸店里存放着从四面八方运来的珍奇货物。洛阳是大运河的中枢,货行、货摊、店铺很多。扬州是运河与长江的汇合处,来往商人络绎不绝。广州是南方的国际大都市,云集着波斯、印度的外商。

随着旅游城市的繁荣,旅游商品无论在数量上、质量上,还是在花色品种上都比前代大大提高。唐代的丝织品就深受中外游人的喜爱。当时的绫锦织造最为突出,所谓绫是斜纹丝织物,所谓锦是多种彩色和花纹的丝织品。绫锦的织造工艺虽然复杂,难度较大,但织出的产品仍然是花纹大、交织点少,无论就美感、手感和光泽来说,都非常精美。

瓷器也是当时的重要旅游商品,其中最值得一提的是唐三彩。唐三彩是在无色釉的白底胎上画上黄、红、绿色花纹,然后烧制而成。以后各朝代在原基础上创新,增加蓝、黑、紫色作彩釉。因为是从唐代开始生产这种产品的,故仍称唐三彩。唐三彩至今仍是中外游客喜欢的旅游商品。

茶叶在唐代也得到了大发展。茶叶不仅是国内人民的重要饮料和消费品，而且大量出口。唐代的城市和乡间到处都有茶楼、茶馆，为过往的旅行者提供歇息方便。

纸作为旅游商品之一，在唐代也有了很大的发展。唐代已发明用竹子造纸，当时纸的种类很多，质量很好，不同的纸张有不同的用途。唐代已有了供商人纳税用的凭据单，可见当时商业旅游的发达。

■ 隋唐时期的旅游潮

隋唐时期，浩浩荡荡的旅游潮一天也没有停歇过，甚至一涨再涨。当时各种各样的人物，如帝王、后妃、官吏、将士、文人、骚客、画家、书生、商贾、幕僚、和尚、道士……由于巡行、出使、探亲、传教、贬谪、流寓、聚乐、闲适、干谒等种种原因，纷纷迈开双脚，跨上骏马，扬起桅帆，从自己的宫苑兵营、私第公廨中走出来，奔走于异邦他乡、边关塞上、通都大邑、高山大川、名胜古迹……他们或满怀憧憬，或渴求满足，或造作胜事，或谱写佳话，从而将中国古代的旅游推向了一个如火如荼、如醉如狂、五彩缤纷、气象万千的阶段。

在帝王的巡游中，要数隋炀帝南巡江都的规模最大，也最为奢侈。据《大业杂记》记载，隋炀帝本人乘坐的龙船高四十五尺，宽五十尺，长二百尺，有四层楼。皇后所乘之船名为翔螭舟。妃嫔们分乘九条浮景舟。另外还有供宫廷美人乘坐的漾彩船三十六条，供宫女乘坐的朱鸟舫、苍螭舫、白虎舫、玄武舫、飞羽舫、青凫舫、凌波舫等一百余条。这支队伍之后，才是由王公大臣乘坐的五层楼船，共五十二条，然后是僧人们乘坐的三层楼船一百二十条，再后面跟着外国宾客及五品以下官员所乘的三层楼船若干条。这支队伍，在大运河中首尾连接，迤逦二百多里。每次出行，所过州县，五百里内都要贡献食品，吃不完的随时扔掉。沿途地方官又争献礼品，谁的礼品中意，谁就可以升官。隋炀帝的巡游，比黄河泛滥还要厉害，闹得民穷财尽，哀鸿遍野。当隋炀帝第三次出巡江都时，全国遍燃农民起义的烽火，他却依然登上龙舟，去过其荒淫生活，最后丢了性命。

在唐代，皇帝们的封禅旅游活动得到了进一步发展。皇帝们一方面带领文武百官游山玩水；另一方面，可以趁机大摆阔气，炫耀自己的丰功伟业。如开元十三年（725年）十月，唐玄宗率领长达数百里的封禅队伍从洛阳出发，一个月后到达泰山脚下。唐玄宗骑着从四川选来的白骡马，与宰相、祭祀官员一起登上泰山，其余人员则环列山下恭候。封祀完毕，唐玄宗亲手挥笔撰写了《纪泰山铭》，记叙自己的功德。这块高十三米、宽五米多的碑石立在大观峰的峭壁之上，即现在的"唐摩崖"。

唐王朝为了扩大统治阶级的基础，在用人方面通过实行科举考试来选拔官吏，这对于中下层知识分子来说，首先是在他们面前展示出一条比较宽广的仕进之路，激发了他们对事业功名的种种幻想。他们从全国各地络绎不绝地奔向长安，一方面是舞文弄墨，务求雁塔题名，一举中第而天下知；另一方面则是纵情诗酒，游览名胜，在喜庆般的氛围中沐浴身心，振奋精神。于是长安城内的曲江池、芙蓉园，城外的灞桥、乐游原等名胜，都留下了他们徜徉流连的足迹，也留下了他们状貌写景的诗句。这些通过科举考试而获得官职俸禄的士人，又随着自己的离京赴任，将游迹延伸到了长安之外，扩展到了唐帝国的四面八方。由此可知仕宦之途在唐代旅游的发展中所起的作用是何等重要，以至王勃在发出"海内存知己，天涯若比邻"这样的千古名句时，也会很自然地告诉世人这种不同凡响的离情别意原出自"同是宦游人"。

唐代没有哪个诗人不爱山水，没有哪个文士不爱游览。读书时是"游学",做了官是"游宦",一旦官场失意,遭到贬谪,仍然以山水为慰藉,以自然为归宿,柳宗元就是一个明显的例子。

柳宗元是唐代的改革家,在政治上却是一位失败者,先被贬到永州(今湖南零陵)。在永州十年,他寄情于山水,寓意于诗文,在文学上得到了丰收。他的散文以山水游记最著名,尤其是《永州八记》,堪称中国旅游文学中的瑰宝。

除了宦游外,唐代文人漫游的风气也很盛。我国古代向来把"读万卷书,行万里路"相并列,这是为了改变个人接触面的局限,只有把读书与旅行相结合,开阔视野,增加阅历,才能实现个人在创作上的成就。唐代许多诗人都有过一段漫游生活,有人甚至漫游过大半个中国,他们对祖国的山河和各地人民的生活有了更广泛的接触。

大诗人李白为了实现他的抱负,从25岁起离开四川开始漫游,李白不屑于参加科举考试,他希望凭借自己的才能和声誉,得到某位有影响力的人的推荐而直取卿相,漫游正是为了寻找这样的机会。李白出蜀后,南游洞庭,东游金陵、扬州,后又北游洛阳、太原、齐鲁。天宝初他南游会稽,与道士吴筠隐居剡中。在十几年的时间里,他几乎漫游了半个中国,写下了许多优秀的诗篇,显示出了高超的艺术才能。

唐代另一位大诗人杜甫在35岁之前也有过一段漫游经历。他20岁时南下漫游江南吴越等地,四年后回到东都洛阳,举进士不第。对于这次挫折他并不在意,次年又东游

▲ 李白像

齐赵，过着"裘马轻狂"的生活，直到30岁时才回到洛阳。在这段时期，他曾游览泰山，写下了著名的《望岳》，最后两句"会当凌绝顶，一览众山小"，把他的少年豪气迸发出来，使人精神亢奋。

总之，隋唐时期人们的物质生活和精神追求都大大迥异于前人，因此旅游在其表现形式上也就花样翻新、品类增多，将颓丧、悲哀、消极而又超然、潇洒、纵情的魏晋风度演变成为热烈、慷慨、欢快且又沉雄、稳健、豪迈的隋唐气势。

■ 宗教旅游的盛行

"一钵千家饭，孤僧万里游。"僧人云水一身，无牵无挂，以参访名师、弘扬佛法、化导众生为务。因此，僧人"行万里路"，参礼名师和圣迹，一直受到重视和推许。到了唐代，禅宗兴起之后，禅宗僧人寻师访道之风盛行，如赵州从谂禅师八十高龄还在行脚参访，汾阳善昭禅师平生参拜过81位名师。

禅宗僧人的行脚不同于一般人的游山玩水，而是一种特殊的修行方式。禅僧四处游历，来往于各宗门名师之间，可以转益多师，增长见识，开阔心智。禅僧行脚时通常所带的东西只有一件袈裟、一只钵盂，这一衣一钵装在一个只有一尺长、三寸宽、三寸半高的小箱子里，简单到了不能再简单的地步。然后把小箱子往胸前一挂，独自一人，云游四方。所谓"芒鞋（草鞋）踏破岭头云""一枝藜杖一禅衣"，正是行脚僧真实而形象的写照。

行脚这种修行方式虽然奇特，却是禅宗思想的体现。禅宗强调"无住者人之本性"（《坛经·定慧品》）。所谓"无住"，就是不容许意念定住在某一点上。人的本性是念念不住的，前念、今念、后念是连续不断的，如果一旦停留在某一事物上，那么就不是念念不住而是念念即住了,这样"心"就被系缚住了。只有摆脱对客观外物的一切牵挂,不让意念定在某一点上,而是要像雁过长空一样不留痕迹,像行云流水一样无所滞碍,这样"心"才不会被系缚。禅宗认为人拥有什么,"心"就容易受什么系缚,只有把人所拥有的东西限制到最少的程度,心才容易做到无所挂碍。因此,禅僧们通过行脚方式去体验"心无所缘""身无所住"的禅的境界。

禅僧的行脚是超越功利的,他们犹如闲云白鹤,与青山绿水融为一体,在大自然的启发之下,创作了不少富有禅机的山水诗,如皎然的"径寒丛竹秀,人静片云闲",齐己的"晴色水云天合影,晚声名利市争头",灵澄的"东庵每见西庵雪,下涧长流上涧泉"等皆是。禅僧们为了修行悟道而漫游于青山绿水之间,他们具有禅的修养,对山水草木的感受与常人不同,写起来禅意盎然,从而在传统的文人山水诗之外别开生面,为诗坛增添了新的光彩,这可称得上是禅僧行脚的意外收获。

唐代还出现了一些佛教旅行家,与以上提到的行脚僧不同。他们将自己的游迹延伸到了国外,尤其是由于路途的遥远、涉历的惊险而使这种旅行极富传奇色彩。或许,这一种旅行对他们而言多的是探险之快感,少的是审美之欢情。

到了唐代,中国佛教僧人的西行求法再次掀起高潮,其首倡者是玄奘。玄奘出家后,总觉得在佛学理论上仍有许多问题不清楚,于是下定决心去印度寻求经典。他出敦煌,经过新疆及中亚等地,历尽艰难,辗转到达中印度摩揭陀国王舍城,进入当时印度佛教的最高学府那烂陀寺学习,后又历游印度各地。

贞观十九年(645年),玄奘回到阔别17年的国土。玄奘西行求法,经过138个国家和地区,行程5万里,带回经典657部,成为中国历史上一件影响深远的壮举。玄奘的事迹，在唐代僧人中引起了强烈的反响。此后的西行求法者前赴后继，至死不渝。仅义净的《大唐西域求法高僧传》所列就有近60人。他们面对艰难险阻，既不畏惧退缩，也不听天由命，而是迎着艰难险阻，一步一个脚印地走下去，最终到达了目的地。

鉴真是唐代另一位不畏艰险、东渡传法的高僧。天宝七年（742年），日本僧人荣睿、普照受日本佛教界和政府的委托，聘请鉴真去日本传戒，鉴真欣然应允。他先后五次率弟子东渡，均因天时、人事不利而失败，但他的东渡弘法之志从未动摇过。天宝十二年（753年），鉴真第六次东渡成功，终于到达了日本。鉴真在奈良东大寺筑坛授戒，从此日本有了正式的律学传承，他也被尊为日本律宗初祖。他带到日本的大批佛教经像及药物、艺术品等，为发展日本的医学、艺术、营造等作出了重大贡献。

即使抛开玄奘、鉴真在中外文化交流史上所作的种种贡献不讲，单凭这坚定的志向、坚韧的毅力、敢涉险恶的无畏精神，足以成为后世旅行家的楷模。

此外，隋唐主要的佛教旅行家还有义净、王梵志、胡令能、钱起、常建等人。

中国土生土长的道教及其信徒的旅行活动，在隋唐时期也极为盛行。道士、道观，在唐代享有与佛教同等的特权，全国各地兴建起许多道教祠院，尤其是三官（天官、地官和水官）庙遍布全国。三官塑像成为古今人们争购的旅游商品。"送子张仙""钟馗神捉鬼""八仙过海"等，以及农历正月十五布施日也都起源于唐朝。传说，八仙中的张果老、吕洞宾、何仙姑、蓝采和以及韩湘子，均是唐朝人。张果老本是唐朝一个术士，最初隐居于中条山。他经常倒骑着毛驴，在人间行善，帮助人们解决困难。赵州桥竣工后，为检验桥的坚固性，张果老牵着毛驴，与太阳、月亮及五岳名山同时过桥。赵州桥经受住了张果老的考验。至今赵州桥上还留有张果老的驴蹄印，吸引着过往的游人。吕洞宾游览了庐山自然风光和名胜古迹后，曾隐居在庐山仙人洞，留下不少有关的传说趣闻。

受"道在山林"时尚的影响，当时不仅有元丹丘、孔巢父、吴筠等人隐居嵩山、徂徕山和剡中，更有李治、皇甫松、卢仝、唐彦谦、鱼玄机等人，以倡导自由为目的遨游江湖、徜徉林泉的旅游活动。与佛家的旅行相比，道家的游历活动，似乎更直接地陶醉在大自然美的沐浴之中，更深谙大自然的神韵，从而也更贴近旅游的本意。

■ 活跃的国际旅行

为发展和适应日益频繁的国际交往，隋炀帝一方面派大臣裴矩在西域张掖、武威地区活动，动员西域商人来内地经商做买卖；另一方面，在都城洛阳重新建造工程，竣工后，下令以后每年正月，洛阳城内整顿市容，张灯结彩，并将端门外、建国门内八九里长的天津街开辟为戏场，百官起棚夹路演出伎乐，欢迎各国来华使节、商贾及游人，"百戏之盛，亘古无比"。同时又将洛阳丰都市辟为国际商场，商人穿上华丽的衣服，备足百货奇珍，迎接各国来宾与客商；市内所有饮食店，主动邀请外宾入席餐饮，酒足饭饱后，不收分文，以显示中国之"富有"和乐于接待外宾。这也许是中国历史上最早的国际旅游节。它大大刺激了隋朝乃至唐朝的中外商贸活动的发展。当时来华的国际友人很多，长安城、洛阳城内都设有专门供外宾居住的街坊，政府还建造四方馆，"以待四方使客，各掌其方国及市事"，外交外贸同时办理，保证了国际商贸活动的顺利开展。

此外，公元607年，隋炀帝派使者常骏等出访赤土（今马来半岛），受到当地民众的欢迎。日本、朝鲜半岛的新罗等东亚国家的使节，也受到隋朝政府的热情款待，双边关系密切。

到了唐朝，随着对外交通的发达，国际交往旅行活动更为活跃，长安已成为亚洲各国经济文化交流的中心。从唐太宗贞观之治起，每年正月初一，各国及各少数民族的使节前往长安参加唐朝朝会。各种肤色相貌，不同的服饰、语言及舞蹈汇聚一堂，将长安变得异常热闹，盛况空前。许多国家还派学者、留学生（包括僧侣）来我国深造学习。长安的国子监（我国封建社会的最高学府）里的外国留学生数达8000之多，其中尤以朝鲜和日本为最多。

朝鲜一次派遣的留学生就有105名。他们均受到唐政府的特别优待，允许参加科举考试，被称为"宾贡进士"。朝鲜留学生崔致远12岁来华学习，18岁考取进士，他用汉文写成的《桂苑笔耕集》，至今还是我们研究盛唐的主要资料。类似的还有李同、崔彦等人。朝鲜留学生回国时，不仅带走他们所学的知识，而且带走大量诸如《左传》《周礼》等中国典籍。佛教、佛经连同中国的雕版印刷术，于唐末也一起传入朝鲜。这些对朝鲜文化发展和政治制度形成产生深远的影响。据记载，朝鲜京都平壤，是模仿唐朝长安和洛阳的风格建造起来的；朝鲜文武官职的设置也与唐朝相仿；甚至连其国家的历法、年号及百姓的服装也跟大唐一致。以至于唐玄宗称朝鲜是懂诗文的君子国，知书达理，和中华同类。他派去朝鲜的使臣也一定得经过精心挑选，有文学修养者方可胜任。同时，朝鲜的音乐、特产等也传入我国，丰富了我国人民的各方面生活。

中日文化交流在此时也达到了高潮。史书记载，841—903年间的62年中，我国去日本的使节与商舶有32次之多，有时一年里还定期往返数次。而日本来华学习的遣唐使、留学生则更多，有的一批就有500多人，需要分别乘坐四艘大船。日本大臣在中国居住的时间往往也较长，有时竟达几十年，是其人生的大半辈子。李白《哭晁卿衡》一诗中的友人晁衡，就是一位日本的使臣，原名粟田。他来华共三次，与李白交往密切，成为好友。后误传晁衡第三次回国途中遇难，李白特地为他写诗致哀。

学成而归的日本留学生，对日本国的发展起了积极的推动作用。在他们的鼓励及协助下，日本孝德天皇进行了大化革新，即从中央到地方，政治、经济、文化、教育、医学及其他技术，一切向盛唐学习。由于天皇喜欢中国服装，认为其大方优雅，719年，天皇下诏书令全国仿照唐服，衣襟皆右，和服成为日本人的国服。

唐朝与南亚、中亚、西亚和欧洲的往来也非常频繁。他们互派使者拜访，并以各自的土特产作礼物相赠送。在相互交流的过程中，印度的天文、医学传入中国，我国的中草药，如人参、麻黄传入印度，养蚕植桑技术则流入波斯。波斯人不仅学会了养蚕缫丝，还吸收中国丝织品的工艺特点，研究创造出波斯锦花缎。国际商贸旅行更为活跃，直至今日，反映外国商人经商活动的文字史料、壁画、瓷器作品，比比皆是。长着高鼻子、留着落腮胡子的波斯（今伊朗）商人，或牵着骆驼、或骑着大象、毛驴，满载着商品，一路风尘仆仆，来来往往，一片繁荣景象。阿拉伯大商人、旅行家苏莱曼，851年前后来中国经商游历，回国后将其在东方见闻描述给他人，由一位不知名作家写成《苏莱曼东游记》。近几年，在西安附近发掘的一些隋唐墓中，也发现不少作为陪葬品的波斯银币和罗马金币。地处欧亚非三洲的大食帝国（阿拉伯帝国）商人，用他们的香料来换取我国的茶、瓷器及丝织品，中国的四大发明也以大食帝国为桥梁传入欧洲，对欧洲及世界历史的进步起了不可磨灭的促进作用。

伴随着中外交流的发展，外国的宗教进一步传入中国。世界三大宗教之中的伊斯兰教、基督教，继佛教之后，在唐朝初期纷纷传入中国。742年，长安城里兴建了我国第一座清真寺。景教是基督教各教派中最先传入中国的一个教派，当时长安和洛阳城内都有景教的活动场所。甚至由波斯人摩尼创立，与当时波斯国教（袄教）相对立，宣扬宇宙有光明和黑暗之分，人人都应该弃富济贫、粗衣素食、独身禁欲的摩尼教也传入中国边境和内地。后因唐武宗采取严加限制的政策，摩尼教不得不转入地下活动。

此外，外国的乐器和娱乐活动也传入我国。如北方少数民族的胡旋舞、波斯乐器箜篌和唢呐及欧洲罗马帝国的杂技等。跳胡旋舞时，舞蹈者身着鲜艳紧身舞衫，脚蹬高筒皮靴，在鼓、笛等乐器伴奏下，踩着鼓点在一块圆毯上，长时间快速旋转、跳跃而始终不离开圆毯。诗人白居易等都曾有诗生动地描写胡旋舞翩翩起舞的绝妙舞姿。据说，唐明皇李隆基和爱妃杨玉环也都特别喜欢看或自己亲自跳胡旋舞。由于胡旋舞风行一时，窄袖紧身衣裤和高筒皮靴的胡服也成为当时流行的时髦服装。一时间，长安、洛阳两城内，男效胡服，女学胡舞，"胡化"严重。今天，我们仍可在敦煌、西安及盐池三处发现的雕刻中，看到胡旋舞的图案，可见胡旋舞在唐代风行的盛况。

第二节　宋元时期旅游活动的新发展

■ 大开放的海陆交通

宋代陆路国际交通有所萎缩，海上交通却打开一个新的局面，迎来了我国古代航海史上第一个黄金时代。"江海求利，以资国用"是北南两宋朝廷始终执行的一项基本国策，对发展航海业起了极为重要的作用。

宋代的造船业成就斐然。官府直接经营规模巨大的船场，造船工场主要分布于今天江苏、浙江、福建、湖南、江西和广东等地。造船数量大，每年约3000多艘。有内河船、海运船、军用船之分，船体及载重量也很大。宋徽宗时有两艘巨型海船"神舟"出使高丽，装载量达1100吨。海舶制造技术先进，造出来的船，由于船底是尖底，吃水深，船体稳，利于破浪。船舱之间采用双层隔板的隔仓技术，更为世界首创，是人类造船工艺史上的重大突破，使船的安全系数大大提高。同时海船的桅、橹数量增加，还配有用来取水和救生的小舟。与同时代其他国家海船相比，中国的海船比较舒适、方便。南宋的周去非就曾这样称赞行驶在南海的中国大船："舟如巨室，帆若垂天之云，一舟数百人，中积一年粮，豢养、酿酒其中。"

宋代拥有当时世界一流的航海技术。首先，海船上装有磁石指南针（即罗盘针）。磁罗盘，定位精密，受到海上航行人们的珍视，"舟师识地理。夜则观星，昼则观日，阴晦观指针"。其次，宋代人已会绘制海图。北宋徐竟作有《宣和奉使高丽图经》，南宋赵汝适的《诸蕃志·琼海志》中，编绘了南海诸岛的海图，指出了南海诸岛的地理方位，这也是中国人对航海的一大贡献。最后，是"干支定位术"的运用，即在远洋的中国海船上，利用中国传统的天干、地支和四卦，组成二十四向定位法，以子午定南北。其定位效果与以后出现的经纬定位法一样。这是一项全新的科学远洋导航技术。它与指南针的结合使用，形成了航海史上有名的"针路"知识，使海船在任何气候条件与地理方位上，都能准确地定向定位，航海的安全度、可靠性有了保证，利于远洋航行的发展。宋朝人已彻底地放弃外来的"番舶"，取而代之的"宋舶"稳稳地航行在太平洋的东海、南海及印度洋、波斯湾等海域。

这样，继汉代张骞通西域开辟通往西方陆路交通大动脉——丝绸之路以后，中国又有了一条通往西方各国的海上交通大动脉——海上丝绸之路，因其运输的货物大多是瓷器，故也被叫作陶瓷之路。随着时间的推移，这条新开通的航线越来越显示出其重要意义，它对宋元政权经济、政治的影响远远超过陆路丝绸之路，成为朝廷的生命线。

大运河开凿以后，随着长江航线中最艰险的一段——三峡航路也开通之后，原有的长江航运更显示出它的巨大优越性。中唐以来巴蜀、湖广、江浙的财物百货，都是经长江，再通过运河漕运送抵京城，甚至连一般的北上南下旅行也往往不行陆路而取水道，长江航运成为宋元时期社会生活中不可或缺的重要组成部分，呈现出前所未有的繁荣景象。京杭大运河在

▲ 中国古代指南针

浙东又有了延伸，新开凿的浙东运河，自钱塘江口，经今天的萧山、绍兴、上虞、余姚直达明州（今宁波），是南宋朝廷财物来源的一条通道。

元代交通是对汉唐大陆交通和两宋海外交通的综合与开拓。13世纪前叶起，新崛起的蒙古民族在其领袖铁木真、忽必烈率领下，似脱缰的野马东冲西撞，拼力开拓。兵锋所至，站赤（蒙语，即驿站）随置，道路贯通，运输不绝。在其军事势力极盛时期，全国拥有水陆站赤1500多个，站距60里至100里不等。除提供运输工具外，站赤还负责给过往官员、商旅、军人提供食宿与安全服务。

元帝国建立后，全国分为11个行中书省，简称行省。从元大都到各行省首府，有驿路相通，行省之间有驿路相连。从省府到各州府属县，也有大路相通。这种中央、行省、州县三级交通网络，对元代社会广泛的人流、物流交往起了极大的推动作用，有利于旅游活动的发展，也奠定了明清两代交通的基本格局。

在国际海上交通方面，元政府继承两宋发展海外贸易的传统，进一步大开放、大发展，出现了泉州、广州、温州、宁波、杭州等口岸城市，其中泉州成为东方第一大港。中国海船从泉州出发，可以直航波斯湾进抵红海。

元代海陆交通网络覆盖了亚洲大陆的广阔地区，并直达东欧多瑙河畔。元政府在空前辽阔的疆土上实施有效管理，加强了边远地区与内地的交流。从此，"元有天下，薄海内外"，东西亚之间的旅行，去掉了无数人为的障碍，"如行国中""适千里者如在户庭，之万里者如出邻家"。一时间，使节、商团行旅、宗教人士和其他各界人员，都可以在一个亘古未见的通畅条件下东来西往，真可谓"四海之内皆兄弟"。西方移居中国的侨民遍布全国各地，中国人也移居世界各地。

自西周以来，中国古代的邮递与馆驿是合二为一的，统称为邮传、传驿、传舍、馆驿等。北宋建国后，首先将馆驿和邮递区别开来，前者负责接待各级各类公务人员，近似于现在的政府招待所，后者专门分管朝廷通信传递事务。其次，邮递工作专职化，实行半军事化管理。宋代实行募兵制，由地方部队厢兵任递传，专人专职。这与先前各代由普通百姓轮流服役不同，是中国古代邮政史上的一个进步。最后，允许政府官员附递私人信件。因此，与前朝各代相比，宋人的信息传递更为快捷、广泛，这有利于人际交往、旅游活动的开展。

■ 兴盛发达的宋代旅馆和酒楼

两宋时期，城市流动人口猛增，国外的有政府使团、商贾与侨民，国内的有各种商贩、各地应试的举子、进京观光的游人，以及从北方南下的流民。他们纷纷聚集在汴京（今开封）、临安（今杭州）等各大城市，相应需要有大量的旅馆客店为之服务。同时人们又发现，经营客店能带来丰厚的利润。于是，上自皇帝，下至平民百姓，竞相经营各种等级的旅馆饭馆。《文献通考》中记载，"京师设左有厢店宅务，掌官营邸店，营利归禁中脂泽用"。宋仁宗年间，宋廷尉卫卢士伦在开封府陈留县南镇"创设邸店，营运赚钱"（《续资治通鉴长编》）。旅馆中，有商旅栖歇的客店，有公子少爷爱去的酒店、妓院，也有文人学士借宿的寺庙僧舍。每逢开科考试客店供不应求之时，甚至普通百姓家，也要腾出房子来接待各地赶考的人。宋代的旅馆坐落方位、周围环境、建筑规模、内部装饰等方面，都有突出的时代特征。城外的旅馆，大多集中于来往的大道旁或墟市（农村集市）中，城内的旅馆往往集中于流动人口较多的地区或风景秀丽的地方，如南宋临安城里的三桥、江干、西湖边等。旅馆周围或短墙、长春藤、杨树花清幽淡雅，或"磬声深小院，灯影迥高房"，宗教氛围浓厚。客房内除有床、桌、凳、灯具外，张挂书画、焚香、插花、摆设盆栽等，是高级旅馆不可缺少的室内装饰。提供优良、方便的服务，将旅馆经营由单一的住宿功能向食宿合一的多功能方向转化，也是宋代旅馆经营的特色。

元代的客舍管理十分严密和系统。旅客投宿时，必须出示"文引"（即由出行人从住所司县官那里领取的表明身份、出行目的、外出期限，以及由邻居作保，盖有县衙门大印的证据），店主有权查验，无"文引"者一律不得接待。待天黑客人入睡前，店家还要挨门挨铺逐一点名、记簿、登录盖印后方可闭门安睡。旅客登记簿，当时叫"店历"，每月初或月中汇总后向主管部门报告一次。若发现问题，以"见发之家"惩处，即追究客店的责任，处分客主双方。

宋代的饮食服务性行业，在唐代发展的基础上有很大的进步，不仅数量大，遍及大街小巷，而且种类多，构成都市生活的一个重要方面。南宋人撰写的《都城纪胜》专门列"酒肆""食店""茶坊"作专题论述。以酒楼、餐馆来说，既有高级的酒楼，如当时著名的大和楼、和乐楼、春风楼及丰乐楼等；又有专供下层市民光顾的普通酒店，这种酒店门前多设简易竹栅布幕；此外，还有宅子酒店、花园酒店、庵酒店等。食店也有多种，既有南食店、北食店、川饭店、羊饭店等地方风味，也有菜面店、馄饨店、油饼店、胡饼店、馒头店等点心店，以及专为僧尼供应素菜、素面的素食店。南宋《繁胜录》里还记载了当时享有盛名的菜点，如海鲜头羹、松花腰子、夺真元鱼、锦鸡签等220种。茶坊、茶楼更是不计其数。

宋元客店和酒楼的兴盛

▲ 宋代百姓生活

发达，不仅丰富和繁荣了都市生活，也极大地方便了各类旅行者，促使旅游活动进一步呈现出新的发展趋势。

■ 著名的中外大旅行家

宋元时代的大旅行家很多，他们中的大多数是我国国内旅游家和一些去他国旅行的国际旅行家，还有少数来我国旅行的外国旅行家。通过他们的旅行踪迹，我们可以窥见宋元两朝人旅游活动的一斑。

1. 苏东坡宦游四方

苏东坡名轼，在中国古代文人中，他是一位"全人"，在文学艺术的每一个领域，诗、词、赋、文、书、画、音乐都有极高的造诣。在旅游方面，苏东坡也显示出他那特有的潇洒豪壮，游域之广、游地之多、游绩之丰，为他人所难做到。

苏东坡出生于四川一个官宦家庭，长大后，随父亲苏洵进京考取进士，从此开始长达四十几年的官宦生活。他曾26次在十一个省16个州县任职，从而使他借每次赴任或离任的机会，到处游览各地的名胜古迹，写出大量赞颂大自然的豪放诗词并留传后世。

在去关中凤翔府任判官途中，苏东坡在诸葛孔明的家乡隆中瞻仰其故居，写下"诸葛来西国，千年爱未衰，今朝游故里，蜀客不胜悲"的诗句。到凤翔后，苏东坡更是常常利用"分县传明昭"的机会"循山得胜游"。他去阳平、斜谷参观，考察三国魏蜀之战古迹，深为孔明出师未捷身先死而惋惜："一朝长星坠，竟使蜀妇……客来空吊古，清泪落悲筇。"

苏东坡非常爱西湖，他曾两次到杭州做官。在杭州，他被西湖的湖光山色所陶醉，几乎天天前往西湖观景。他时而湖上泛舟，时而钱塘观潮，时而寺院寻幽，在愉快的游山玩水中完成工作。《杭州府志》

这样描述苏东坡的杭州生活："东坡镇余杭,遇游西湖……从出钱塘门,坡则自涌金门从一二老兵泛舟绝湖而来,饭于普安院,徜徉灵隐、地竺间,以吏牍自随,至冷泉亭,据案剖决,落笔如风雨,纷争辩讼,淡笑而办。已,乃与僚吏剧饮。薄晚,则乘马以归。"在欣赏西湖美不胜收的景色中,苏东坡经常会不知不觉脱口而出赞美西湖的诗词。据统计,他写的有关西湖的诗词达300首以上。

苏东坡除了用诗妆点西湖外,还用自己的实际行动,为西湖的美丽景色添彩增光。苏东坡第二次去杭州做官时,由于年久失修,西湖已草盛水涸,积成葑田,湖面减少近一半。为治理西湖,苏东坡发动20万民工疏浚西湖,用挖出来的淤泥修筑长堤,连接湖的南北两岸,并建桥畅通湖水,使西湖恢复了其烟波浩瀚的景色,变得更加秀美。烟柳笼纱、几声莺啼的"苏堤春晓"成为西湖有名的旖旎风光。为感谢苏东坡,杭州百姓送来他爱吃的猪肉以表心意。可苏东坡觉得应与为西湖流汗的民工共享。他让家人将肉切成块,连酒一起送给民工。民工烧肉时,因误把"连酒一起送"听为"连酒一起烧",结果加酒后烧出来的肉味更鲜美浓郁。"东坡肉"随之传开,成为苏杭一带的历史名菜。

在湖北黄冈县黄州镇一条幽静的小山道上,有几座楼台亭阁,传说这里曾是苏公当年饮酒、赋诗、作画的地方。虽然此时正是他被贬官,"亲戚故人皆惊散"的落魄之时,可他依然或泛舟于长江,或站在醉江亭,面对"江山如画"的景色,开怀畅饮,高唱:"大江东去,浪淘尽,千古风流人物……"这首千古绝唱。若干年后在旧地重游的兴奋之余,他又写下名篇《赤壁赋》。

在先后出任登州(今山东蓬莱附近)、颍州(今安徽境内)、扬州、定州(今河北境内)、惠州(今广东境内)等地方官吏时,苏东坡在当地留下不少游迹和诗篇。晚年的他又遭厄运,再次被贬官至海南儋州。

即使在"食无肉，病无药，居无室，出无友，冬无炭，夏无泉"这样困苦不堪、孤独艰难的流放生活中，苏东坡仍怀着对大自然的满腔热情，一如既往地到处游览，乐而忘返，将自己的身心全部沉浸在山水自然之中，达到"圆融极至""无往不适"的人生境界。两年后，苏东坡遇赦，回归途中不幸患病，在常州逝世。

与苏东坡相似，同样爱好漫游神州，在旅游文学、史学、艺术方面有所作为的宋元大旅行家还有著有《岳阳楼记》的范仲淹、《游山西村》的陆游、《资治通鉴》的司马光、"清平且壮游"的王冕、因游生文的王安石、有游有记的欧阳修、妙景自游的张可久、步履云水的汪元量，以及朱熹、范大成、辛弃疾等。

2. 考察旅行家沈括

沈括，北宋科学家、政治家，出生于钱塘一个仕官之家。年轻时，他随父亲游历大江南北，"凡所到之处，莫不询究，或医师，或里巷，或小人，以至士大夫之家，山林隐士，无不求访"。考取进士，步入仕途后，他利用公务之便宦游各地，"对天地问难，向山川求知"，留心采集各处地理和风物资料。

▲ 沈括像

在考察了风景秀丽、诸峰峭拔险怪的雁荡山后，沈括断定雁荡奇峰的形成"当是为谷中大水冲激，沙土尽去，唯巨石岿然挺立耳"。在奉命出使途经太行山麓时，沈括发现"山崖之间，往往衔螺蚌壳及石子如鸟卵者，横亘石壁如带"，由此他推测说"此乃昔之海滨"，泥沙淤积而成陆地。这些判断已被现代科学所证实，沈括也就成为科学解释我国华北地质形成的第一人。

在出使契丹期间，沈括实地了解当地山川形势、人情风俗，返回朝廷后，精心制作完成了我国第一幅立体地图《使契丹图钞》，在西北边境任职时，他经考察地质、地貌后，发现当地有一种谓之"脂水""石漆""泥油"的物质，并断言"此物后必大行于世"。这一物质就是我们现代生活不可缺少的自然能源——石油。

晚年的沈括因王安石变法失败而遭贬官，他举家迁往今镇江东部的一个小村庄。沈括将宅前的泉水小溪命名为梦溪，共用了8年时间，潜心整理自己的笔记，并起名为《梦溪笔谈》。笔记中，他对当时科学发展和生产技术的情况，如指南针、活字印刷术、炼钢、炼铜的方法等，无不详细记录，"使之流传于后世"。

3.继业三藏和佛教旅游团

继业三藏是北宋东京（今开封）天寿院僧人。宋太祖赵匡胤称帝后，在全国大兴佛事，下诏书寻找自愿前往天竺国求法取经的人。继业三藏应诏，于966年，率领由157人组成的大型佛教旅游团前往印度。这也许是我国古代历史上前往国外取经求法，规模最大的佛教旅游团队。

他们一行沿着唐代玄奘西行的路线前进，在印度各地参拜佛教古迹、遗址，在寺院学经听法，并广泛交际佛教界僧侣。977年前后，继业三藏等人先后分海、陆两路回国，同时带回梵经、佛舍利塔、菩提树叶、孔雀尾等佛教用品。

此后，"天竺僧持梵夹来献者不绝"，宋初以后的80年中，约有80余名印度僧人来华送赠梵经，或帮助翻译经书，使中断了近160多年的佛经翻译工作得以恢复，促进了宋代佛教文学、建筑、音乐、绘画等的进一步发展。

4.外交旅行家王延德

王延德（938—1006年），北宋外交家。他曾在宫中任供奉官，为宋皇帝掌管衣食供给。981年，王延德奉命率领由一百个人组成的外交使团出使高昌国（今新疆吐鲁番一带），三年后返回京师开封。王延德依据自己的一路经历，撰写《西州使程记》一书。这本书介绍了高昌、契丹、党项等国的风土人情、物产资源、地理环境。其中有关九族的叙述，是史籍中极为重要和宝贵的资料，历来为中外史地研究所借鉴。

5. 航海旅行家汪大渊

汪大渊（1311—？年）元朝旅行家，江西南昌人。他自幼好学，非常仰慕司马迁"足迹几半天下"的旅游经历，立下将亲自出国考察海外各国风情的志向。1330年，19岁的汪大渊，随商船从泉州出发，开始为时5年的远航。三年后的1337年冬，汪大渊又第二次出海，历时三年。他旅行的线路东起澎湖，西至阿拉伯和东非海岸，游踪遍及南洋群岛、南亚、西亚、东非各国。每到一处，他"辄采录其山川、风土、物产之异，居室饮食、衣服之好尚与夫贸易赍用之所宜"。汪大渊是我国元代中期前游历世界最广的人。

1349年，元代为续著《清源郡志》，请"知悉蕃情"的汪大渊参加撰写。汪大渊将其在海外游历八年的笔记加以整理后写出《岛夷志略》一书。那年他年仅27岁。在书中，汪大渊翔实地记述了自己亲身所见所闻及海外考察的成果。书中所列的国家和地区达220个，比明代马欢《瀛涯胜览》、费信《星槎胜览》记述的内容还要丰富，是研究古代中西交通的重要文献，曾被译成日文、英文等多种文字，受到多国学者重视。

6. 随军旅行家耶律楚材

耶律楚材是元代的政治家和学者。他是辽东丹王突欲八世孙，家世居永安（今北京香山）。耶律楚材从小深受儒学、佛学的濡染与熏陶，"博及群书，旁通天文、地理、律历、术数及释老、医卜之说"。

他曾做过金国开州同知,以后辅助蒙古最高统治者数十年,在元代政治、经济、文化等多方面都有贡献。1218年,耶律楚材应成吉思汗征召,前往漠北行宫担任顾问,帮助征伐西域、中亚,六年后再随军东归,足迹涉及天山以北和楚河、锡尔河、阿姆河之间的广大地区。回燕京后的耶律楚材,因"里人问异域事,虑烦应付,遂著《西游录》以见余志"。全书共分两部,记述了自北京应召北上沿途以及在西域各城市的所见所闻,中亚诸地的山川形势、物产气候、风土人情等情况,是13世纪记述天山以北和楚河、锡尔河、阿姆河之间历史地理最早最重要的书,是难得的研究西域的历史资料。

7. 真腊使者周达观

周达观,浙江温州永嘉县人,1295年,奉元成宗之命出使真腊,"招谕其国"。真腊即今天的柬埔寨及越南南部地区,自古以来是我国的友好邻邦,唐宋时期贸易往来频繁。周达观一行乘坐的多桅杆的使船,从温州港出发,进入东海后向西南航行,经福州、泉州、广州、琼州诸港,再过西沙群岛沿越南南下进入湄公河,最后逆流而上到达目的地。在吴哥城,周达观成为中国第一位受到真腊国王接见的中国使者。在其后居住的一年多时间里,他几乎走遍全城,考察了吴哥的建筑、农业、贸易及人们日常的衣、食、住、行等情况,并将收集的资料整理成《真腊风土记》一书。这是一本游记,也是一部重要的研究真腊史的资料集,是现存的当时人所写的有关吴哥文化极盛时代文物风俗的唯一著作。

8. 意大利旅行家马可·波罗、鄂多立克和马黎诺利

马可·波罗是意大利旅行家,出生于威尼斯的一个商人家庭。1271年随父亲、叔叔离开故乡,经亚洲中西部进入中国,向元世祖忽必烈递交了罗马教皇的信件和礼物,之后在中国居住了17年之久。期间,他做过巡视各地的钦差和扬州的地方官,游历过中国新疆、内蒙古、

甘、陕、川、滇、晋、鲁、苏、浙、闽及北京10多个省和地区，还出访东南亚诸国。1292年，为护送九皇室公主远嫁波斯离开中国，从海上经苏门答腊、印度等地到达波斯，三年后终于回到阔别25年的故土威尼斯。1298年，马可·波罗在威尼斯与热亚那海战中被俘。狱中他讲述了他与父辈们一起游历过的地区以及在中国的见闻。由比萨小说家鲁可梯谦笔录写成《马可·波罗游记》一书。书中生动描述了东方各国的风土人情、奇闻异事、物产资源，特别是通过对中国建筑、文化、艺术的描绘，盛赞了东方的文明与富庶。这本书曾在欧洲风靡一时，掀起了欧洲人前往东方探险的狂潮，对以后哥伦布、达伽马为首的一大批探险家的地理大发现，开辟世界新航道产生了直接影响。

鄂多立克出生在意大利里乌黎省，是日耳曼的后裔。幼年时，他入天主教圣方济会，过着清苦修行生活。据说，他每天只以水和面包充饥，经常赤足步行，练就了一身吃苦耐劳、坚韧不拔的勇气和毅力，为日后的旅行生涯作了准备。1318年前后，他开始东游，经波斯、西印度、东南亚，再取海道在中国广州登陆。在中国，鄂多立克的旅行时间长达6年，游迹遍及泉州、福州、金华、杭州、南京、扬州、北京、山西、西藏等地，后经中亚取陆路返回意大利。在病榻上，他口述由人笔录著成《鄂多立克东游录》一书。鄂多立克是报道中国妇女缠足陋习的第一个西方人士，其影响仅次于马可·波罗，同被称为中世纪四大旅行家之一。

马黎诺利，意大利佛罗伦萨人，方济各会的教士。1338年，他奉教皇之命，与一群使者携带书信和礼品来中国见大

▲ 贺兰山岩画

汗。他们从欧洲向东，穿越整个亚洲，共历时三年抵达北京。马黎诺利在北京居留三年，然后取道江南，从泉州乘船渡海，经南亚、小亚细亚、地中海回到法国教皇所在地阿维尼翁城，向教皇复命。马黎诺利著有游记《奉使东方想记》，记述了自己出使东方的经历。他是元代来往于东方海道又留下游记的四位欧洲旅行家之一。

这时期，沿海陆商路来中国旅行的大旅行家，还有阿拉伯大旅行家伊本·拔都他。他从21岁起开始旅行，足迹遍及穆斯林世界、拜占庭帝国、北非、东非、西亚中亚地区，旅行生涯长达28年，陆路、海道行程共计12万公里。其口述著成的《伊本·拔都他游记》中，记述了中国海舶船只、市容、绘画、丝绸、瓷器等内容。伊本·拔都他也是中世纪四大旅行家之一。

■ 新兴的园林、宗教建筑

中国古代旅游家在大自然欣赏湖光山色的同时，十分注重在自家居住地附近建筑模拟自然山水景致——园林，营造有旅游氛围的环境，以便朝夕都可以"游山玩水"。

我国园林的兴建，始于奴隶社会。最早的园林是圈定一定地界，内有丰富天然植被和众多禽兽的苑囿，供奴隶主阶级狩猎和游乐。秦始皇统一中国后，在渭水之南建造了著名的苑囿式园林——上林苑。汉武帝时期，上林苑得到扩建，增加了宫、苑、观、馆等建筑物，成为一座可供狩猎、游赏的巨大动、植物园。两汉魏晋时，中国古代造园史上出现了以山林野趣为主题的山水园。如梁孝王刘武的兔园、茂陵富人袁广汉的花园及东汉跋扈将军梁冀的洛阳花园。园中人工穿池堆山、模拟崇山峻岭。南北朝时，中国园林艺术迅速发展，出现了一批构思精巧、主题突出的私家园林，园林艺术趋向成熟。唐代长安、洛阳一带园林特别多，也称"别业"。园林设计具有文人写意画特点。大诗人王维在陕西蓝田的别业内景致达20多处。

宋朝更是一个钟情山水爱美的朝代，造园活动规模日趋扩大，造园技艺愈益精湛。女词人李清照之父李格非曾著有记述北方园林建造盛况的《洛阳名园记》。北宋能书善画、迷恋奇花异草的风流皇帝宋徽宗赵佶，除建造玉清、阳宫、上清宝箓宫等几座大型宫廷园林外，还花费6年时间兴建规模宏大的皇家苑囿——寿山艮岳（又名万岁山）。在南方当时主要流行私家园林，其中吴兴（今苏州）、临安（今杭州）是江南园林最集中的地方。如赵孟頫的莲庄、倪云林的清闷阁、云林堂以及苏州的沧浪亭、嘉兴的巷圃、绍兴的沈园等。直至今日，沧浪亭、沈园等还仍是当地的名园。

宋元两代的宗教建筑主要有开封的铁塔、繁塔、相国寺，北京的妙应寺白塔、白云观和山东登州的蓬莱阁。

开封是我国六大古都之一，拥有许多珍贵的宋代文物，其中最为著名的是佛教建筑。铁塔又称佑国寺塔，建于北宋。因塔体遍镶褐色琉璃砖瓦，远看似铁色，故称"铁塔"。塔高约55米，八角形，13层住楼阁式砖塔，上有飞檐斗拱，色彩晶莹、富丽堂皇。铁塔外壁镶嵌花纹砖，图案精美，为宋代砖雕艺术佳品。铁塔现已有900岁高龄，历经地震、水患和狂风暴雨，至今完好如初，充分体现了宋代陶瓷的精美和建筑工艺的精湛。它是我国最早和最高的琉璃砖塔，号称"天下第一塔"。

创建于北宋，至今已有一千余岁的繁塔，因其建筑在繁台上，塔壁雕刻千佛小龛，密

▲ 开封繁塔

密麻麻犹如蜂巢，佛像繁多，故称繁塔，原名兴慈塔。它共有9层，为六角砖塔，是开封现存最古老的建筑，也是当时最高的建筑。民谣中曾唱道："铁塔高，铁塔高，铁塔只达繁塔腰。"塔内保存有178块珍贵石刻，如北宋书法家赵安仁撰写的碑等。

"金碧辉映，云霞失容"的相国寺，是我国著名的佛教寺院之一。它始建于555年，唐睿宗李旦赐名"大相国寺"。北宋时，全寺有64个禅院，庭殿楼阁450区，建筑雄伟，名冠天下，宋皇帝经常到此游幸祈祷，俗称"皇家寺"。每当节日灯火辉煌时，伎巧百戏通宵表演，十分热闹。寺中巨钟高2.67米，重万余斤，"相国霜钟"为明清汴城八景之一。如今经整修，千年古刹焕然一新，是开封古城重要旅游景点。

元朝廷对各种宗教采取兼收并蓄的方针，并十分注重宗教建设。元大都北京寺院很多，目前保存下来的有妙应寺白塔等。此塔建于1271年，因塔身通体皆白，俗称白塔，是元朝忽必烈营建大都城时重要工程之一。主持建造白塔的建筑师是尼泊尔工艺家阿尼哥。白塔为喇嘛塔，通高50米有余，塔基是三层方形折角须弥座，其上为半圆突起莲瓣组成的覆莲座和承托塔身的环带形金刚圈，使塔从方形折角基座过渡到圆形塔身，自然而又美观。它是我国现存的最大元代藏式佛塔，也是古代中尼两国文化交流的象征。创建于唐代的白云观，因元朝初年忽必烈召全真派道士长春真人邱处机来此主持，从此千年香火不断，素有"道教全真第一丛林"之称，是有名的道教旅游圣地。

山东莱州蓬莱阁，创建于北宋年间，是一座雕梁画栋的双层木结构楼阁。相传，民间流传甚广的神话故事"八仙过海"就发生在此地。自宋以来，蓬莱阁是文人学士雅集之地，阁东苏公祠中，至今留有苏东坡"海市蜃楼皆幻影，忠臣孝子即神仙"的石刻楹联。经历代扩建重修，现在已成为山东半岛上的著名旅游景点。

第三节　隋唐五代宋元的旅游制度

■ 隋唐五代宋元旅游制度

在旅行制度上，隋唐五代宋元时期又有所建设与发展。旅行制度包括车舆等级制度、清道回避制度、关禁宵禁制度等。

车舆等级制度，在当时仍然盛行。隋代即规定按级别乘坐相应的车舆和船舶。据《隋书·炀帝纪上》载，大业元年八月，炀帝将乘龙舟巡幸江都时，下令"文武官五品已上给楼船，九品已上给黄篾"。二年二月又诏尚书令杨素、礼部侍郎许善心等人"制定舆服，始备辇路及五时副车"。其规定是："上常服，皮弁十有二琪，文官弁服，佩玉，五品已上给犊车、通幰，三公亲王加油络，武官平巾帻，裤褶，三品已上给熊槊。下至胥吏，服色皆有差。非庶人不得戎服。"另据《旧唐书·舆服志》载："隋制，车有四等，有亘幰、通幰、轺车、辂车。初制五品以上乘偏幰，其后嫌其不美，停不行用，以亘车代之。三品以上通幰车，则青壁。一品轺车，油幰朱网。唯辂车一等，听敕始得乘之。"系统制定了隋朝官民的舆服，其中的车舆制度，就属于旅行制度。这种对舆服根据品级进行使用的规定，在唐宋元代都曾实行。

清道回避制度，唐代在法律上有严格的规定。《故唐律疏议》卷七"卫禁"规定：皇帝出行时，行人若不知回避，甚至冲入皇帝车队中间，就要判处徒刑。"车驾行幸,皆作队仗。若有人冲入队间者,徒一年;冲入仗间者,徒二年。""若有人误入队间,得杖九十,误入仗间,得徒一年。"仪仗距皇帝较近,故冲入或误入仗间比队间处罚要重。此外,唐代回避制度在水上行船上也有体现。《故唐律疏议》卷二十七"杂律"规定:"若船筏应回避而不回避者,笞五十。"

除了皇帝出行时的跸警回避制度外,官员出行也有喝道制度。唐代的喝道(传呼回避)范围从半坊扩大到两坊甚至更远,弄得民怨载道。温造为唐文宗时御史中丞,常在出行时令人回避,如若不避,则或捕其从人,或拖走其马。

唐代不少记载反映了当时官吏出行时喝道的情形。韩愈在其《饮城南道边古墓上逢中丞过赠礼部卫员外少室张道士》一诗中说:"偶上城南土骨堆,共倾春酒三五杯。为逢桃树相料理,不觉中丞喝道来。"喝道之扰民与败兴,引起了很多人的不满。《义山杂纂》曾把喝道说成是"杀风景"的一种形式:"杀风景事,一曰花间喝。"喝道是古代清道回避制度的一种延伸和扩张。它是行人在很少遇见皇帝跸警的情况下,很容易遇到的一种令人惊慌胆战的场面。这种习见的喝道已成为儿童游戏的内容,正如路德延《孩儿诗》所描写的那样——"排衙朱榻上,喝道画堂前",足见喝道对人们生活影响之深。

宋代,清道回避制度日益程式化,皇帝和官吏出行都要"喝道"以驱赶行人。"肃静""回避"更是出行时必不可少的两块招牌。据吴自牧《梦粱录》载,皇帝出行要实行跸警制度,要禁更、喝道。该书"驾驭出宿斋殿"条,先引"舍人殿上亲警跸,要知不是御常朝"一诗,然后指出:"上御驾出……禁卫羽林兵,俱全装铁骑,数万围绕大内""或作鸡鸣,是众人一同喝道"。又引前人描绘喝道场面的诗曰:"将军五使欲来时,停著更筹问'是谁'?审得姓名端得了,齐声喝道不容迟。"

然后指出:"又置警场于丽正门外,名为'武严兵士'……宿太庙,宿郊坛青城行宫,俱用严更警场也。"

宋代还有皇帝专用的御道。据《东京梦华录》卷二"御街"载:"坊巷御街,自宣德楼一直南去,约阔二百步,两边乃御廊,旧许市人买卖于其间,自政和间官司禁止,各安立黑漆杈子,路心又安朱漆杈子两行,中心御道,不得人马行往,行人皆在廊下朱杈子之外。"御道不许百姓行走,也算是一种特殊的清道回避制度。

关禁和宵禁制度,在隋唐五代宋元时期仍在执行,不过其间在某些时间和地点有所松弛。唐代继续实行关禁制度,设关令对来往行人进行盘查。据《旧唐书·职官志三》载:"关令各有府、史。关令掌禁末游,伺奸慝。凡行人车马出入往来,必据过所以勘之。"唐朝的宵禁令规定,更鼓一敲,行人都不得再行,市民皆不准外出。白行简《李娃传》称:"久之日暮,鼓声四动。姆曰:'鼓已发矣,当速归,勿犯禁!'"另据《摭异记》曰:"宪宗迁葬,都人士毕至。裴通远家在崇贤里,妻女亦往纵观。日暮归至天门街,夜鼓将动,有白头妪亦忙遽而行。裴家青衣谓妪曰:'若步履不逮,惧犯禁,车中尚可通融。'"可见唐代宵禁不仅针对男人,对女人亦是一样。如果违反宵禁制度,将受到严厉的处罚。唐开元十九年冬,玄宗"驾东巡,至陕,以厅为殿,郭门皆属城门局。薛王车半夜发,及郭,西门不开,掌门者云:'钥匙进内。'家仆不之信,乃坏锁彻关而入。比明日,有司以闻,上以金吾警夜不谨,将军段崇简授代州督,坏锁奴

▲ 繁华的宋代

杖杀之"。薛王就是玄宗五弟李隆业，即使贵为宗王的他犯夜禁而入，也要受到相应的惩治，而守门的将领也受到牵连。

宋代旅行法令中也有宵禁规定，但却常常有所松弛。这是因为两宋时期，商品经济繁荣，商品交换频繁，政府常常允许开夜市以促流通，如此一来，宵禁制度便不得不放松限制。此外，每逢良辰佳节，皇帝官吏追求热闹，常常通宵达旦地与民同乐，游街观玩，夜禁令也因此有所松弛。

与关禁和宵禁相关的通行证和身份证制度，当时仍然在执行。五代十国时，旅行时须持通行证或身份证。据徐铉的《稽神录》载：道士张谨，既失书囊行李，将及潼关，"时秦陇用兵，关禁严急，客行无验，皆见刑戮"，因不敢东渡。这里的"客行无验"之"验"，即指的是通行证或身份证，也就是古代的符传。宋代出入宫禁，须持有通行证"号"符，否则治罪。据吴自牧《梦粱录》"驾出宿命斋殿"条称，文武百官跟随皇帝出入宫禁斋殿时，"各给黄方号，余黄长号、绯方长号，各有入殿宫坛门去处，如无号妄入者，准违制论也"。这里的"号"符，无疑是一种通行证。

在旅行住宿时进行登记的制度，可以说是身份证制度的延伸，是朝廷对旅行进行管制的重要手段。住宿登记制度在元代有详细的文献记载。

需要特别指出的是，宋代已出现了导游图，这是旅游制度的一大进步。南宋首都临安出现了《朝京里程图》（当时称为"地经"），具有今天导游图的性质，该图以京都临安为中心，把南宋所属地区通向临安的道路和里程，以及可以歇脚的凉亭、旅店的位置，标得非常清楚。据宋《尧山堂外纪》卷五十七载："（西）湖南有白塔桥印卖朝京路经，士大夫往临安者必买以批阅。有人一绝云：'白塔桥边卖地经，长亭短驿甚分明。如何只说临安路，不说中原有几程。'"当时称为"朝京路程图"或"朝京路经"。

■ 隋唐五代宋元旅游风俗

并非迫不得已而是自愿选择某种骑乘方式的，就是某一个时代的骑乘风俗和习尚。隋唐五代北宋元时期，中国人的骑乘风尚主要是骑马出行，但南宋时，开始有了某种变化，无论富贵男女，开始选择乘轿出行，骑乘风尚为之一变。

隋代的男女出行均选择骑马。据《隋书·后妃传·独孤皇后传》载：隋文帝杨坚宠幸尉迟迥的孙女，好妒的独孤皇后"伺上听朝，阴杀之"，杨坚"由是大怒，单骑从苑中而出，不由径路，入山谷间二十余里"。大臣高颎、杨素等"追及上，扣马苦谏"。杨坚叹息道："吾贵为天子，而不得自由！"经过高颎等人苦劝，"上意少解，驻马良久，中夜方始还宫"。杨坚离宫出走，是骑马而行。《虬髯客传》载：红拂女既夜奔卫公李靖，"乃雄服（穿男装）乘马，排闼而去，将归太原"。

到了"大有胡风"的尚武的唐朝，骑马成为普遍的时尚。唐代骑风大盛的原因，一是由于李唐皇室有游牧血统，又是从北方太原起兵，有骑马的习惯；二是唐代盛行打马球，上流人士人人善骑，连妇女也不例外。

唐代士子赴考也多骑马而行。据《唐摭言》卷四载："熊执易赴举，行次潼关，秋霖月余，滞于逆旅。"俄闻邻舍有吁嗟声，原来是前尧山令樊泽应制

▲ 元太祖成吉思汗像

科至此,"马毙囊空,莫能自进"。执易"遽辍所乘马,倒囊济之",泽遂登科。樊泽前往长安应制科,在潼关马死钱光,熊执易仗义疏财,把自己的马给了樊泽。这反映唐代赶考远行多为骑马而行。又如《云溪友议》卷下载:廖有方元和末下第游蜀,在宝鸡旅馆有一位落魄秀才病入膏肓,请廖有方为他安排后事。此人死后,有方"遂贱鬻所乘鞍马于村豪,备棺瘗之。恨不知其姓字,苟为'金门同人'"。唐末,骑马赶考风气愈烈,当朝执政深以为患。据《唐摭言》卷十二说:"咸通末,执政病举人仆马之盛,奏请进士、举人许乘驴。"

在公务之外,骑马外出旅游或远行,也是唐朝人的习俗。据《北里志·楚儿传》载:"(楚儿)字润娘,往往有诗句可传。近以迟暮,为万年捕贼官郭锻所纳。尝一日自曲江归,与锻行相去数十步。郑光业时为补衮,道与之遇。楚儿遂出帘招之,光业亦使人传语。锻知之,曳至中衢,击以马篦,声甚冤楚。观者如堵。光业心甚悔,且虑其不任矣。明日特过其居侦之,则楚儿已在临街窗下弄琵琶矣。驻马,使人传语。润娘持彩笺送光业诗。光业取笔,于马上答之。"从这段文字中可以看出,郭锻和郑光业都是骑马游曲江的。楚儿则乘车跟在丈夫郭锻的后面,车有篷有帘。由于楚儿与郑光业两情相悦,而招致郭锻的鞭笞。光业心疼,乃于次日骑马往其住处,并在马背上写诗回赠楚儿。除了郊游时骑马外,唐朝人外出远游也多骑马。据唐张读的《宣室志》卷十载:元和中,青齐人许贞西游长安至陕。陕从事留饮酒,至暮方别僮仆前去,"行未十里,兀然堕马",及寤,"已曛黑,马亦先去"。许贞前往西安旅游,也是骑马代步的。

北宋开始重文轻武。但无论是文官还是武将,亦或一般妇女,均仍以骑马为主要的旅行方式。

元代普遍的骑乘风气,当然是骑马了。《元史·太祖纪》载,金朝完颜永济继帝位后,召成吉思汗前往都城。成吉思汗问金使:"新君为谁?"金使说是完颜永济。成吉思汗向南唾了一口唾沫说:"我谓中原皇帝是天上人做,此等庸懦亦为之耶?"于是"即乘马北去"。元世祖中统二年,"诏定中外官所乘马数各有差"。《元史·王思廉传》载:王思廉在"扈跸"时,"失所乘马",世祖命"给内厩马五匹"。

除了上述骑乘风俗外,隋唐五代宋元还有出行送别时的各种风俗,如择吉、折柳、饯行、洗尘等。

 知识链接

最早的旅游公交车和旅游交通地图

在南宋京城临安(今杭州),有一种专供当时仕女旅游用的油壁车。这种车的车身很长,车厢装饰华丽、讲究,厢壁上开有挂窗帘的窗,厢内铺有绸缎垫褥,全车可供六人乘坐。这种被外国商人视之为"游乐之利器"的车,也许是中国最早的旅游公交车,临安也就成为世界上公交车出现最早的城市之一了。

中国古代特有的交通工具——轿子,它的前身是隋唐的步舆、猎舆、篮舆。司马光《资治通鉴》中也说,篮舆"即今之轿也"。真正的轿子实物在五代时出现,两宋时期已很常见。当时的轿子也称"担子",样子已与近代看见的轿子大致相同,制作形制上也有各种规定,不仅颜色、轿顶装饰不同,抬轿子的人数也有八人、四人、二人之分,以显示封建社会森严的等级制度。

据《古杭杂记》记载:"驿路有白塔桥,即卖朝京里程图,士大夫往临安,必买披阅。"这种版印的旅游交通地图,以京师临安为中心,周围绘有从各地通往临安的路线、里程和休息点,故以"朝京"命名。朝京里程图可能是中国古代最早的旅游交通地图。

第六章
明清时期的旅游

明清时期是中国旅游史上发生异动、趋向衰微的时期。所谓异动，是指明朝政府在海洋时代来临时，派郑和带领大规模的船队率先迈入海洋，领先世界航海史近一个世纪。然而正当西方也酝酿进入海洋、开展大航海和大探险时，明朝政府却退出了大洋竞技场。这对于明清两朝都是致命的，它导致了中国面对海洋从此采取守势的局面，而西方则通过跨越海洋将世界逐渐连为一体，形成了以欧洲为中心、其他各洲为边缘的近代化格局。

第一节　别开生面的明朝旅游

明初以来，社会生产日益发展，商品经济逐渐繁荣，城市建设亦颇具规模。上述种种为旅游旅行活动的兴盛创造了有利条件。明朝前期，政府极为注重发展对外关系，因此就产生了宣教通好的西行之旅。明朝中后期，经济上资本主义萌芽进一步缓慢发展，政治上宦官专权腐朽黑暗，传统价值观念也日渐消解，主观唯心主义的王学应运而生。人们的主体意识逐渐觉醒，开始主情反理、追求人格独立和精神解放，因此就有了文人游乐和市民冶游。晚明时期，中国知识分子纷纷走出儒家经学传统的樊篱，投身到科技实验和科学考察的实践之中，并由此形成重视科技、实事求是、经世致用的实学思潮。在这种思潮中，出现了李时珍、潘季驯、徐光启和徐弘祖等的科学考察之旅。

■ 郑和下西洋

郑和（1371—1435年），原姓马，小字三保（或作三宝），出生于云南昆阳州（今昆明晋宁县）的一个穆斯林家庭。他的祖父和父亲都曾到伊斯兰教圣地麦加朝圣过，这对其有志于航海有一定的积极影响。洪武十五年（1382年），朱元璋铲除元朝梁王势力，平定云南，郑和在战乱中被掳。后被阉入燕王朱棣府中服役。因在"靖难之役"中立下战功，明成祖朱棣登基后赐姓为"郑"，被擢升为内官监太监，人们习称之为"三保太监"。永乐三年（1405年），奉命出使西洋。郑和是明成祖的亲信太监，才华出众，知识广博，长于智略，知兵习战；既信奉伊斯兰教又信奉佛教，会阿拉伯语，与南亚、西亚及东非地区的民族有共同的信仰和习惯；还擅长鉴赏和贸易。因此，他是当时适合承担这一重大使命的最佳人选。

永乐三年（1405年）六月，明成祖"疑惠帝亡海外，欲踪迹之，且欲耀兵异域，示中国富强"，"命和及其侪王景弘等通使西洋。将士卒二万七千八百人，多赍金币。造大舶，修四十四丈，广十八者六十二"。这是郑和受命第一次出使西洋。郑和船队从刘家港（今江苏太仓东浏河镇）起航，自吴淞口驶入东海，沿着浙江、福建海岸，航行至福建长乐的五虎门，稍事休整后再度扬帆，"鲸舟吼浪泛沧溟，远涉洪涛渺无极"。经过10个昼夜航行，沿途访问了占城国（今越南中南部）、爪哇国（今印度尼西亚爪哇岛）、苏门答腊等，至满剌加（今马六甲），受到满剌加国王的盛情款待。郑和在这里设立"官厂"（仓库）和下西洋的中转站。此后，船队越过安达曼海，经西印度洋抵达印度半岛南端的古里（今科泽科德）。这是郑和第一次下西洋的终点站。郑和向古里国王递交国书，赠送礼物，并立碑纪念。碑文中说："其国去中国十万余里，民物咸若，熙皞同风，刻石于兹，永示万世。"从古里起程回航，途中又访问了旧港（今苏门答腊岛的巨港），铲除了陈祖义海盗集团，使海道畅通无阻、当地人民安居乐业，最后于永乐五年（1407年）九月回到南京。

▲ 郑和下西洋画

永乐六年（1408年）九月，郑和开始第二次下西洋。这次出使，主要访问了占城、爪哇、南巫里（位于今苏门答腊岛的西北部）、古里、柯枝（今可钦）、加异勒（今印度南部的卡异尔镇）、甘巴里（今印度南部的科因巴托尔）、满剌加、暹罗等国，并于永乐九年（1411年）六月回国。当从古里返回途经锡兰山国时，"国王亚烈苦奈儿诱和至国中，索金币，发兵助和舟。和觇贼大众既出，国内虚，率所统二千余人，出其不意攻破其城，生擒亚烈苦奈儿及其妻子官属。劫和舟者闻之，还自救，官军复大破之"。在下西洋的使团中，有信奉伊斯兰教通晓阿拉伯语的马欢、费信等随员。马欢，字宗道，浙江会稽人。此后第五次、第七次均出海随行，著有《瀛涯胜览》，详细记录了所经诸国的地理位置、气候物产、风俗习惯、经济文化，以及酋长起居、迎接礼节等。其中还记录了在锡兰山国的这次军事冲突。费信，字公晓，江苏太仓人。曾先后4次随郑和下西洋，对各国风土人情、物产贸易、友好交往等颇为留意。其著作《星槎胜览》记述柯枝国道："气候常热，田瘠少收，风俗颇淳，男女椎髻、穿短衫、围单布。其有一种曰'木瓜'，无屋居之，惟穴居树巢，临海捕鱼为业，男女倮体，纫结树叶或草数茎遮其前后之羞。"

永乐十年（1412年）十一月，郑和第三次下西洋。主要访问了占城、爪哇、满剌加、彭亨（今马来西亚的彭亨州）、急兰丹（今马来西亚的吉兰丹州一带）、苏门答腊、阿鲁（位于今苏门答腊岛上）、锡兰山（今斯里兰卡）、柯枝、古里等国。永乐十三年（1415年）七月，自西洋诸番国还。

永乐十四年（1416年）十二月，"满剌加、古里等十九国咸遣使朝贡，辞还。复命和等偕往，赐其君长"，于是开始了第四次远航。三下西洋后，西洋近国已朝贡往来，而远者犹未宾服。因此，此行要与尚未往来的溜山（今马尔代夫群岛）、忽鲁谟斯（今伊朗霍尔木兹岛）、比剌（今地不详）诸国建立联系。郑和船队在苏门答腊协助国王平定内乱后，经过25个昼夜的艰辛历程，横渡印度洋，终于抵达了波斯湾口的忽鲁谟斯国，受到了国王隆重而热烈的欢迎。"其国边海倚山，各处番船并旱番客商，都到此地赶集买卖，所以国民皆富。国王国人皆奉回回教门，尊谨诚信，每日五次礼拜，沐浴斋戒。风俗淳厚，无贫苦之家。"船队返航途经溜山国。"其国番名牒幹，无城郭，倚山聚居，四围皆海，如洲渚一般，地方不广"，"牒幹国王头目民庶皆是回回人，风俗纯美，所行悉遵教门规矩。人多以渔为业，种椰子为生。男女体貌微黑，男子白布缠头，下围手巾；妇女上穿短衣，下亦以阔布手巾围之，又用阔大布手巾过头遮盖，止露其面"。离开溜山国后，郑和船队穿越印度洋，于永乐十七年（1419年）七月回到南京。

永乐十九年（1421年）正月，忽鲁谟斯等16国使臣还国，郑和率船队偕行第五次下西洋。永乐二十年（1422年）八月归国。此次往返及所历诸国情形，《星槎胜览》《瀛涯胜览》《西洋番国志》诸书，均有记载。

永乐二十二年（1424年）正月，旧港故宣慰使施进卿之子济孙遣使丘彦成请袭父职，并言旧印为火所毁。明成祖命"和赍敕印往赐之"，遂开始了第六次下西洋。这次仅往旧港。归国时间当在永乐二十二年八月与洪熙元年（1425年）二月之间。

宣德五年（1430年）六月，明宣宗"以践祚岁久，而诸番国远者犹未朝贡"，决定派遣郑和再下西洋，这就是郑和第七次也是最后一次远航西洋。这次所历国家和地区是历次中最多、最广的一次，几乎走遍了南海和北印度洋沿岸地区，以及阿拉伯半岛沿海和非洲东岸的国家。郑和船队此行历经忽鲁谟斯、锡兰山、古里、满剌加、柯枝、木骨都束、苏门答腊、溜山、刺撒、阿丹等20国。其中，东非红海沿岸的刺撒（今也门境内），"倚海面居，土石为城，连山旷地，草木不生。牛羊驼马皆食鱼干。民俗颇淳。气候常热"，"数年无雨，凿井绞车，羊皮袋水，男女拳（卷）发，穿长衫。妇女妆点兜头"。而木骨都束国（今索马里首都摩加迪沙），"濒海之居，堆石为城，操兵习射，俗尚嚣强，垒石为屋，四五层高"，"山连地广，黄赤土石，不生草木"。此外，郑和使团在古里遇到天方国（今沙特阿拉伯的麦加）的商船，于是派出分船队随其前往伊斯兰教圣地麦加进行访问。他们顺途瞻仰了蓦地那（今沙特阿拉伯的麦地那）伊斯兰教创始人穆罕默德的圣陵，归国时还带回天方国、蓦地那两国使者。这次随行有费信、马欢和巩珍等。巩珍，号养素生，南京人，著有《西洋番国志》。不幸的是，郑和在这一次出使途中病逝于古里国。其船队于宣德八年（1433年）八月前归。

郑和出使西洋的船队，约有大小船舶200余艘，出行人数2万～3万，是15世纪世界上最先进、最完备的远洋船队和无以匹敌的海上劲旅。郑和船队的规模、出征人数均是半个世纪后那些西方航海家船队的100倍以上。正如西方一位历史学家所言："郑和航海首尾二十八（九）年，以如此庞大的舰队，作如此远海的航行，在历史上实属空前。无论就船队组织或航海工具与技术言，都非当时任何其他的国家（包括葡萄牙和西班牙）所能望其项背。"

如果说，15世纪在世界史上可称为航海的世纪，那么这个序幕是由中国人郑和和他的船队揭开的。郑和下西洋要比欧洲人达·伽马绕过非洲好望角抵达南印度早80年，比哥伦布发现美洲早87年，比麦哲伦环航世界一周早103年。郑和七次指挥船队远航西洋，纵横于太平洋和印度洋上，先后到达东南亚、南亚、红海和东南非洲沿岸30多个国家和地区,不仅打通了从中国横渡印度洋,到达波斯湾、阿拉伯半岛、红海以及东南非洲的航路,而且也使东南亚、南亚等不同地区之间建立起交通网络,从而使广大的亚、非海域息息相通,使各地区之间的交往前所未有地密切起来。因此,郑和下西洋是中国和世界航海史上空前的壮举,郑和不愧是15世纪最伟大的航海家之一,其船队则充当了15世纪世界航海活动的先锋。

■ 陈诚西行

　　陈诚(1365—1457年),字子鲁,号竹山,江西吉水人,历任行人司行人、翰林院检讨、吏部验封清吏司员外郎等职。洪武二十九年(1396年)三月至九月,以行人的身份前往撒里畏兀儿地面(今甘青新交界地区),重建安定等卫,稳定西部局势。永乐十二年(1414年)正月,陈诚与中官李达、户部主事李暹、指挥哈兰伯率领一庞大的外交使团,首次出使西域哈烈。"发酒泉郡,出玉门关,道敦煌、月氏,经高昌、车师之故地,达蒙古、回鹘之部落。凡旌节所临,悉皆壶浆箪食,迎劳惟勤,是皆德化之流行,致远人之向慕也。十月辛未至哈烈城。"使团所经各国,均有玺书、文绮、布帛等物馈赠。翌年十月,使团返回之时,西域诸国哈烈、撒马尔罕、火州、土鲁番(今吐鲁番)、失剌思(今伊朗法尔斯省首府设拉子)、俺都淮(今阿富汗北部的安德胡伊)等均遣使贡文豹、西马及方物。永乐十四年(1416年)六月,哈烈、撒马尔罕、失剌思、俺都淮等朝贡使臣辞还。陈诚奉旨和中官鲁安等赍敕偕行。所到之处,均获礼遇,使团亦将随带白金、纻丝、纱罗、绢布分赠沿途各国。永乐十六年(1418年)四月,使团回京。撒马尔罕、哈烈复派使节随同来华。同年十月,哈烈、撒马尔罕使臣阿尔都沙辞还。陈诚奉命与中官李达等赍敕及锦绮纱罗等往赐沙哈鲁、兀鲁伯。永乐十八年（1420年）十一月，使团返京。永乐二十二年（1424年）四月，最后一次奉使西域。行至肃州，因明成祖宾天，被中途召回，十一月抵京。

陈诚先后5次奉诏出使西域，行程数万里，不仅恢复了元末以来一度中断的中国与中亚各国的友好往来，而且开拓了明代中西陆路交通的新局面，重新畅通了贯穿欧亚大陆的丝绸之路，促进了中国与亚洲、非洲、欧洲之间的国际贸易和文化交流。其事迹昭著，劳苦功高，不愧为我国明代卓越的外交家。陈诚更是一位杰出的旅游家，他根据出使西域时的所见所闻，撰写了《西域行程记》和《西域番国志》。《西域行程记》以日记的形式记述行程。起讫时间是永乐十二年（1414年）正月十三日至闰九月十四日。起讫地点是东起肃州卫城（今甘肃酒泉），西讫哈烈城（今阿富汗赫拉特）。每篇日记篇幅短小，却能简要点明天气、路向和沿途景状。如："二十日，晴。三更起，向西行约九十里，有古城一所。城南山下有夷人种田，城西有溪水北流，地名赤斤，安营。"《西域番国志》专记国家与城市，共有哈烈、撒马尔罕、俺都淮、八剌黑、哈密、达失干等18个番国或番城，涉及整个中亚细亚和新疆地区。其记述简明而准确，内容一般涉及地理、民俗、农业、商业、饮食等。名城哈烈是陈诚西域之行的终点，记述尤为详细深入。哈烈城"其地居一平川，川广百余里，中有河水西流，四面大山，城近东北山下，方十余里。国主居城之东北隅，垒砖石以为屋，屋平方，势若高台，不用栋梁陶瓦，中拱虚室数十间。墙壁窗牖，妆绘金碧琉璃，门扉雕刻花纹，嵌以骨角"。此卷还详述了中亚地区的宗教生活："不祀鬼神，不立庙社，不奉宗祖，不建家堂，惟以坟墓祭祀而已。每月数次望西礼拜，名纳马思。若人烟辐辏之处，一所筑大土屋，名默息儿，凡礼拜之时，聚土屋下，列成班行，其中一人高叫数声，众人随班跪拜。"

明宣宗宣德五年（1430年）和八年（1433年），太监李贵继陈诚之后两度出使西域，远抵哈烈和大不里士等地。

文人游乐

文人士子游娱流连于自然山水之间，是明代绵延不绝以至普及兴盛的一种社会风尚。唐寅、徐渭、王士性、袁宏道、袁中道、谭元春等是这一类文人旅游者的典型代表。

唐寅（1470—1523年），字伯虎，一字子畏，号六如居士，吴县（今属江苏苏州）人。弘治十一年（1498年），乡试第一。翌年，入京会试，因牵涉科场舞弊案下狱。旋遭罢黜谪为吏，耻不就。弘治十三年（1500年），买舟北上，沿大运河抵达镇江，游览金、焦二山。作《游金山》《游焦山》。《游焦山》诗云："乱流寻梵刹，洒洒写襟期。西北分天堑，东南缺地维。高台平落鹜，清磬起潜螭。千古帝王业，来游有所思。"翌年，泛西湖，上匡庐，览赤壁，登岳阳楼，涉洞庭湖，临武夷、雁荡，游黄山、九华、齐云山，历时十月，足迹遍及江苏、安徽、江西、湖北、湖南、福建、浙江7省。这次游历，对唐寅的诗画创作产生了深远的影响。巍峨峭拔的奇峰峻岭，使他胸襟豁达，心境高远；绮丽秀美的江南风物，使他神思飞扬，诗兴大发。唐寅是个诗书画皆能的大艺术家、文学家。其诗清新灵动，如《泛太湖》描绘太湖浩荡无垠的秀美景色："具区浩荡波无极，万顷湖光尽凝碧。青山点点望中微，寒空倒浸连

▲ 唐寅像

天白。"其画闻名天下，尤擅绘山水，所画山川名胜都曾亲身游历过。其山水画代表作《山路松声图》描摹崇山峻岭，层峦叠翠，瀑布飞泉，时隐时现，全画风骨清雅，气韵流动，给人空旷寂寥之感。

徐渭（1521—1593年），字文长，山阴（今浙江绍兴）人，明代著名的文学家、书法家和画家。为人豪放不羁，因仕途受挫，遂"放浪曲蘖，恣情山水，走齐、鲁、燕、赵之地，穷览朔漠，其所见山奔海立，沙起云行，风鸣树偃，幽谷大都，人物鱼鸟，一切可惊可愕之状，一一皆达之于诗"。万历二年（1574年）十一月，徐渭与弟子王图、吴系、马国图等骑驴作五泄之游。题诗于五泄寺壁云："五条挂练玉龙奔，七十二峰鬼斧痕。堕水堕驴都不恨，古来一死博河豚。"翌年八月，偕弟子"往游天目，寓杭"，"遂走南京，纵观诸名胜"。其描写天目山铁木云："赭铁青铜凌紫烟，能为人语向人间。二千年事说不尽，夜夜青溪劳往还。"在南京，游览孝陵、清凉寺、栖霞寺、灵谷、雨花台、燕子矶、桃叶渡、长干里等胜迹，寄身世之感，发思古之幽情，如《恭谒孝陵》云："二百年来一老生，白头落魄到西京，疲驴狭路愁官长，破帽青衫拜孝陵。亭长一杯终马上，桥山万岁始龙迎，当时事业难身遇，凭仗中官说与听。"万历四年（1576年）夏，应同窗吴兑之邀前往九边之一的北国宣府（今张家口东南的宣化）。过居庸关，赋诗云："支金削壁抱重关，并入江南洞壑看。既去高天遏飞鸟，更供诗料到吟鞍。"翌年春，辞别吴兑，经京师南返绍兴。

袁宏道（1568—1610年），字中郎，号石公，公安（今湖北公安）人，明代著名的文学家、旅游家。他厌恶官场，遂辞官漫游。他曾和好友横渡苏州太湖，泛舟杭州西湖，畅游绍兴鉴湖，观诸暨五泄山瀑布，登天目山揽胜。他不仅热衷游山玩水，还喜欢用诗文记录，尤其是山水游记。他的山水游记独具特色，促使他成为当时最负盛名的山水游记作家。他以饱蘸情感的笔墨描绘了祖国的壮丽山川，表现了对大自然的深深眷恋之情。其代表作有《满井游记》《西湖一》《飞来峰》《华山记》《五泄》《天目》等。如《飞来峰》以清新明快的笔调，刻画出其险峻秀奇的特点："湖上诸峰，当以飞来为第一，高不余数十丈，而苍翠玉立。渴虎奔貌，不足为其怒也。神呼鬼立，不足为其怪也。秋水暮烟，不足为其色也。颠书吴画，不足为其变幻诘曲也。"

■ 科考之旅

自明中叶以来，农业、手工业、商业日益发达，资本主义生产方式初露端倪。与此同时，耶稣会士带来了先进的西方科技。知识分子敏锐地感觉到外来文化科学技术的压力以及社会的危机。而儒学既不能提供一个思想方式，开拓人们对社会发展的新趋势与新潮流的思考，又不能开出解除社会危机的救世良方。主体意识逐渐觉醒的知识分子纷纷走出儒家经学传统的樊篱，摒弃宋明理学的心性空谈，投入到科技实验和科学考察的实践之中，并由此形成重视科技、实事求是、经世致用的实学思潮。其中把科学研究与旅游旅行有机结合起来的杰出代表有李时珍、潘季驯、徐光启和徐弘祖等，而徐弘祖尤为典型。

徐弘祖（1586—1641年），字振之，号霞客，南直隶江阴（今江苏江阴）人，明代著名的旅行家、探险家和地理学家。徐霞客生活的时代处于明末，受当时实学思潮的影响，对四书五经、科举场屋不感兴趣的徐霞客开始走出书斋，进行调查研究。他"特好奇书，侈博览古今史籍及舆地志、山海图经以及一切冲举高蹈之迹，每私覆经书下潜玩，神栩栩动"。他"髫年蓄五岳志"，曾言："丈夫当朝碧海而暮苍梧，乃以一隅自限耶？"年既长，他意识到"山川面目，多为图经志籍所蒙"，谬舛颇多，于是，决心亲自"穷九州内外，探奇测幽"。

徐霞客自22岁起就外出游历，问奇于名山大川。其出游历程可以崇祯九年（1636年）他51岁为界分前后两个阶段。在前期近乎30年中，主要游览了国内名山胜迹、释道圣地以及其他著名景区。万历三十五年（1607年），泛舟太湖，登眺东、西洞庭两山，访灵威丈人遗迹。翌年，"历齐、鲁、燕、冀间，上泰岱，拜孔林，谒孟庙三迁故里，峄山吊枯桐"。万历四十一年（1613年），取道浙江绍兴，渡曹娥江，登四明山，渡海游普陀洛迦山，南下直趋天台山，至雁荡，观大小龙湫，北上达石门仙都。次年，游南京，入扬州，过镇江，登焦山、金山。万历四十四年（1616年），"春初，即为黄山、白岳游；夏入武彝（武夷山）九曲；秋还五泄、兰亭，一观禹陵窆石；系缆西子湖"。翌年，入宜兴善权、张公诸洞，登句容茅山、天目山。万历四十六年（1618年），游庐山，经白岳，再游黄山，登九华山。泰昌元年（1620年），入闽游九鲤湖。天启三年（1623年），登嵩山、华山、太和山（武当山）。崇祯元年（1628年），入闽，至漳浦。后至广东，登罗浮山。次年，入京师，游盘山。崇祯三年（1630年），入闽，登浮盖山，至漳州。崇祯五年（1632年），游天台山、雁荡山，泛舟太湖。次年，越太行，登五台山、恒山，三赴漳州。此后两年无旅行。这一时期旅行的特点是偏重于搜奇揽胜，对地质地貌、山川河流的详细考察较少，并且每次出游时间较短，行程较近，出游时间且有间隔，定方而往，如期而还，因此在地理学等方面的贡献不如后期大。此期的游记仅17篇，占全部游记篇幅的1／10左右。崇祯九年以后的西南之行，亦即最艰苦的最后一次"万里遐征"。与静闻、顾仆结伴自江阴起程，先至杭州，溯钱塘江而上，经兰溪、常山，进入江西的玉山、贵溪、南城、吉水等地。又继续西向入湖南，登衡山，过衡阳，南下而入广西境内，越过兴安，考察"灵渠"，至桂林，经柳州、桂平，抵达南宁。后旅伴静闻病死，经宜山，入贵州，独游独山、都匀而达贵阳，继续西向，经安顺，至云南，游历沾益、昆明。为了探索南盘江和北盘江的源头，他遍历了滇东地区，又向西经元谋，到达滇西鸡足山和西南边境重镇腾冲。在此期间，他亲自探寻了江源，西出石门，步行金沙江两岸，还考察访寻了澜沧江、怒江等水系。这一时期以考察探索自然地理为主要目的，游程长，加之前一时期积累了丰富的考察经验，所以成就显著，令人敬仰。崇祯十三年（1640年），病重，丽江土太守木增为备舆从送其东归。翌年，与世长辞。

徐霞客的旅行更是实事求是的科学考察之旅。在旅行考察中，他求真务实，寻根究底，涉险踏勘，不盲从古人，不迷信权威，敢于推翻被视为经典的千年定论。徐霞客执着的务实的科学精神，使他在山脉、河流、溶洞等方面的考证取得了巨大成就。

徐霞客在长达30多年的考察中，除了个别情况外，每天坚持把有价值的见闻以及心得体会详细记录下来，因而给后人留下了日记体的20卷60万字的一部举世闻名的煌煌巨著——《徐霞客游记》。此书既是一部文辞灿丽的游记作品，又是一部内容丰赡的地理学巨著。它翔实地记载了山川形势，考证了江河源流，记述了各地的人民生活、城镇聚落、交通状况、历史文物、地方特产、地质地貌、边陲动态等，较为全面地反映了明末时期的社会生活实况。因此，徐霞客被称为"千古奇人"，其著作《徐霞客游记》乃世间"真文字、大文字、奇文字"，被誉为"千古奇书"。

第二节　多元辉煌的清朝旅游

　　清朝前期（1644—1840年），作为军事征服者的满族由于自身文化的落后不可避免地走上汉化的道路。这一时期，疆域辽阔，西跨葱岭，西北达巴尔喀什湖北岸，北接西伯利亚，东北至黑龙江以北的外兴安岭和库页岛，东临太平洋，东南到台湾及冲绳列岛，南包"万里长沙"（南海诸岛）。由于清朝统治者执行行之有效的民族政策，中国境内出现了基础坚实的以汉、满、蒙、回、藏为主要成分的空前的民族大融合。清初采取一系列恢复生产的措施，农业和工商业得到进一步发展。在此基础上，资本主义萌芽有了缓慢的增长。康熙后期发生的"礼仪之争"，由于罗马教廷的粗暴干涉，激发和强化了中国文化中固有的封闭保守心理倾向，导致清政府从此推行禁教政策。18世纪中叶以后，英、美、法等西方资本主义国家企图开辟中国为殖民地。一度开放的国门也从雍正王朝开始日益关闭。清代前期的旅游就是在上述背景下展开的。这一时期的旅游多元而辉煌，不仅有巡游天下的帝王之旅，而且有怀国寄志的遗民之旅和流连林泉的文士之旅，以及放逐边疆的"流人"之旅。

■ 帝王之旅

　　帝王巡游在中国古代旅游活动中占有重要地位。古代帝王巡游曾出现过秦始皇、汉武帝、隋炀帝三次高潮,清代的康熙、乾隆则是最后一次高潮。这些高潮都是在国家统一、国力强盛的社会背景下出现的。

真正把帝王巡游发展到极致的是清朝的康熙和乾隆二帝。康熙亲政时期,几乎每年都要离京巡幸,或东出关外,或西游秦晋,或北上塞外,或南巡江浙。他在历史上影响最大的游历是自康熙二十三年(1684年)至康熙四十六年(1707年)20余年中的6次巡游江南。康熙二十三年(1684年)九月,东巡山东,登泰山。因黄河屡岁冲决,欲亲至其地,相度形势,察视河工,遂开始首次南巡。自山东郯城起驾,渡淮水,过金山,游苏州,驻跸江宁(今江苏南京),谒明孝陵,临燕子矶。然后回銮,北上曲阜瞻仰孔庙,入大成门行九叩礼,在孔子墓前酹酒奠祭,书"万世师表"额,并接见了孔子后裔,以显示对汉族文化圣人的尊重。十二月回京。康熙二十八年(1689年)正月,第二次下江南。这次南巡躬历河道,兼观览民情,周知吏治,重点是视察中河。过济南,宿郯城,入扬州,进苏州,游杭州。接着,渡钱塘江,登会稽山,祭大禹陵,制颂刻石,亲书"地平天成"。复经苏州、江宁,于闰三月回京。康熙三十八年(1699年)二月,三下江南,游览扬州、苏州和杭州。游西湖时,题写西湖十景,于五月回京。康熙四十二年(1703年)正月,四下江南,在济南观珍珠泉,在泰安再登泰山,渡江游金山,历苏州、杭州、江宁,于三月回京。康熙四十四年(1705年)二月,五下江南,流连扬州、苏州、杭州。驻杭州阅射。"御书'至德无名'额悬吴太伯祠,并书季札、董仲舒、焦先、周敦颐、范仲淹、苏轼、欧阳修、胡安国、米芾、宗泽、陆秀夫各匾额悬其祠。"闰四月,由江宁回京。康熙四十六年(1707年)正月,六下江南,巡幸江宁、苏州、杭州,于五月回京。

乾隆仿效其祖父康熙,分别于乾隆十六年(1751年)、二十二年

（1757年）、二十七年（1762年）、三十年（1765年）、四十五年（1780年）和四十九年（1784年）六次下江南，所巡游路线和康熙如出一辙。乾隆六次南巡，视察民情、巡视河工、维系人心，特别注重对江南汉族士大夫的笼络。因此，他不仅省方问俗视察浙江沿海塘堤，游览扬州、无锡、苏州、杭州、南京等地的风景名胜，而且六祭金陵明孝陵，三祭山东先师庙、二谒孔林、三谒苏州文庙，以及祭泰山、祀禹陵、祭周公庙、祭祀孟子等。乾隆多次驻跸扬州。当时扬州的地方绅商争相邀宠，纷纷大兴土木广筑园林，从而形成了"两堤花柳全依水，一路楼台直到山"的瘦西湖风景区。他还多次游览无锡惠山寄畅园，因慕其优美素雅，先后赋诗20多首。回京后，又命人仿造于清漪园（今颐和园的前身）东北隅，名惠山园，现称谐趣园。

此外，乾隆曾多次出巡内蒙古，到过敖汉、奈曼、翁牛特、苏尼特、喀喇沁、土默特、扎鲁特、科尔沁、郭尔罗斯等部。他出巡内蒙古的目的，主要是宣抚慰问，建立良好的满蒙关系。乾隆十九年（1754年），他巡幸内蒙古东部地区，赋诗一首，即《荒田》："本是射生游牧地，即今渐亦重农田。耨耘未识各勤力，丰欠惟云总赖天。水逐草泉长夏里，归临炙艾九秋前。耕而卤莽报卤莽，塞稿观余始信然。"此诗描写了蒙古族学习农耕的情况，真实地反映了蒙古族从畜牧业向农业转变的历史过程。

康熙和乾隆二帝借助封建社会晚期"康乾盛世"的东风，把帝王巡游推向高潮。

▲ 乾隆南巡图

他们曾数幸东北，巡西北，下江南，塞外、陇西、中原、江南的许多名山大川、古都胜地都留下了他们的足迹和墨宝。特别是康熙、乾隆六下江南，更成为千古传颂的佳话。康乾南巡，不仅充分肯定了唐宋经济重心南移以后江浙地区的特殊经济、政治地位，而且，自此以后，包括北京、济南、泰安、曲阜、扬州、苏州、杭州、南京等山水名胜之地在内的沿京杭大运河一线，真正形成了一条黄金旅游通道。

■ 遗民之旅

清初，满族入主中原，不仅在战争中屠杀无辜的汉人，而且曾执行一系列容易引发民族矛盾的错误政策，如推行剃发令和圈地（强行圈占民人即庶人的住房和田地）等。这就激起恪守"夷夏之大防"的汉族文人士大夫对满族统治的不满和反抗。其中一部分爱国遗民虽未如陈子龙、夏完淳等抗清义士那样以身殉国，但其爱国情感、民族气节与义士们并无二致。在报国未遂遗恨不已的情况下，他们纷纷漫游山水，或结交爱国志士，或搜集抗清英烈之事迹，或登临赋诗言志抒发故国之思等。顾炎武、魏禧、屈大均是这些爱国遗民中的典型代表。

顾炎武（1613—1682年），初名绛，字忠清，明广改名炎武，字宁人，学者称亭林先生，又化名蒋山佣、顾佣等，南直隶苏州府昆山县（今江苏昆山）人。他是17世纪我国著名的思想家、历史学家、文学家、诗人，也是明清之际学术界"一代开派宗师"（梁启超语）。17岁时参加进步文人组织——复社。他自幼接受忠君爱国的正统教育，又牢记因南都陷落而绝食殉国的生母王氏"无为异国臣子，无负世世国恩"的遗命，具有浓厚的民族意识。清兵下江南，顾炎武曾参加昆山义军。兵败后，他移居南京。自顺治五年（1648年）至顺治十四年（1657年），以南京为中心，在东至太湖北达淮安的广大地区，从事秘密联络活动。

魏禧（1624—1681年），字冰叔，号裕斋，江西宁都人，明末清初著名的散文家。早年有济世之志。弱冠时，社会发生急剧变迁——"甲申之变"：李自成进京，明室覆亡，吴三桂投敌，清兵入关。他绝意仕进，遂与南昌名士彭士望、林时益，本地名士李腾蛟、邱维屏、彭任、曾灿，以及其兄魏祥、弟魏礼等，先后隐于宁都西郊的翠微峰，这就是名闻海内的"易堂九子"。数年后，魏禧终于意识到：面对异族的严酷统治，仅是闭户攻书，躬耕自食，决非长策。于是，积极投身于激烈动荡的社会，走上迂缓深入而又坚定不移的反清斗争道路。

屈大均（1630—1696年），字翁山，广东番禺（今广州市）人。他既是著名的遗民诗人，又是知识渊博的学者，列于"岭南三大家"（其他二人为陈恭尹和梁佩兰）。清军入粤时，曾参加抗清斗争。顺治七年（1650年），抗清失败后，削发为僧，法名今种。顺治十四年（1657年），屈大均开始北游。一生足迹半天下，"自荆、楚、吴、越、燕、齐、秦、晋之乡，遗墟废垒，靡不揽涕过之"。其游历之广较顾炎武有过之而无不及，而拨乱反正之心则与顾氏同，意在考察形势，联络义士，以图完成复明大业。

■ 文士之旅

流连于林泉之下，优游于山水之间，赋诗抒怀，游赏唱和，历来是文人士子生活的一个重要内容。清朝前期，经历明清嬗递的易世之痛的汉族文人，往往通过旅游旅行来凭吊古迹、赏景咏物，以寄托幽思情志。在这一时期，由于文士的心灵遭受创伤和清朝实行闭关锁国政策，因此既没有如徐霞客那样的万里远游，也未产生像汪大渊那样的海外远航。总体看来，气魄大为逊色，规模显得促狭。这些文士大多在东南和中原山水间徘徊流连。不过，正是这些游历，使许多人成为杰出的诗文作家和戏剧作家,其中颇具代表性的有李渔、叶燮和袁枚等。

李渔(1611—1680年),字谪凡,号笠翁,浙江兰溪人,清代著名的戏曲理论家、剧作家和旅行家。自顺治九年(1652年)迁居杭州,于康熙元年(1662年)又移家金陵,至康熙十九年(1680年)于杭州病逝。其足迹及于浙江、江苏、北京、河北、山西、陕西、甘肃、河南、安徽、江西、湖南、广东、福建、湖北等地。诚如其自述所言:"渔二十年间游秦、游楚、游闽、游豫,游江之东西,游山之左右,游西秦而抵绝塞,游岭南而至天表","予担簦(担簦,背着雨伞,意为奔走、跋涉)二十年,履迹几遍天下,四海历其三,三江五湖则俱未尝遗一,惟九河未能环绕,以其迂僻者多,不尽在舟车可抵之境也"。

叶燮(1627—1703年),字星期,号己畦,吴江(今属江苏)人。晚年寓居横山,世称横山先生。康熙九年(1670年),进士及第。康熙十四年(1675年),选授江苏宝应县知县。后因亢直而落职。于是,"纵游泰岱、嵩高、黄岳、匡庐、罗浮、天台、雁荡诸山,海内名胜略遍。年七十有六,犹以会稽五泄近在数百里内未游为憾。复裹三月粮穷其奥而归,归遂疾,越一年卒"。其传世著作有《己畦文集》,其中包括《文集》22卷、《诗集》10卷、《原诗》4卷等。

袁枚(1716—1798年),字子才,号简斋,钱塘(今浙江杭州)人,清中叶享有盛誉的文学家。因寓居江宁(今南京)城西小仓山随园,世称"随园先生"。

▲ 袁枚像

乾隆四年（1739年），进士及第，选翰林院庶吉士。乾隆七年（1742年），散馆外用。曾先后知溧水、江浦、沭阳、江宁等县，颇有政绩。乾隆十三年（1748年），购得随园，辞官归隐。此后近50个春秋，除乾隆十七年（1752年）曾改官陕西外，绝意仕宦，以赋诗为文、游览河山为主要生活内容。姚鼐称其"足迹造东南山水，佳处皆遍"。其实，袁枚足迹并不囿于东南，而是遍及半个神州。

■ 放逐边疆的流人之旅

清代处罚犯人的刑法沿袭了前代的笞、杖、徒、流、死五种刑罚，是为正刑。所谓流刑，就是将犯人流放到边疆地区"效力赎罪"。在律例之内还有辅助正刑的闰刑，其中与流刑有关的是迁徙、充军与发遣。在这四种刑罚并存的遣戍制度下，大批反抗清朝统治、触犯刑律或其他有关人员被遣戍到东北、西北、西南等边疆地区。这种遣犯，历史上称之为"流人"。清朝前期向边疆地区大批发遣流人，一方面是因为这些地区处于边远之地，极其艰苦，适合于清朝统治者惩罚敌对者和各种罪犯；另一方面是"移民实边、戍守疆土"的需要。流人最初多发往东北的尚阳堡、宁古塔、沈阳、齐齐哈尔、喀尔喀、科布多等地。乾隆年间，新疆开辟，又发往伊犁、乌鲁木齐、巴里坤等地。在这些流人中，有一大批具有较高文化素养的官员和学子。其中有些人在千里迢迢的艰难跋涉中，沿途观赏景物，并写下了不少记游诗文。还有一些人甚至在边陲考察地理，探究民俗，撰写出著名的风物地理著作。因此，这些流人从某种意义上亦可视作一类独特的旅游者。吴兆骞、洪亮吉、祁韵士、徐松就是其中的典型代表。

第三节　明清旅行制度与风俗

明清旅行制度依旧沿袭传统，其旅行风俗仍然不改传统旧轨，但这些制度和风俗已经逐渐遇到了来自欧罗巴传教士的挑战，并在相形之下，映射出了中国传统旅行制度和风俗的衰落趋势。

■ 明清旅行制度

明清在政治上更加强化皇权，这也影响到了旅行制度。

为了维护社会的稳定和皇权的巩固，明初仍然继续推行重农抑商政策，打击商人，抑制商贾旅行和旅游。太祖称"朕思足食在于禁末作"，规定"商贾之家，只许穿布，不得穿着绸纱绢"。洪武二十二年下令"做买卖的发边远充军"。洪武二十四年又下令"若有不务耕种专事末作者，是为游民，则逮捕之"。对一般的农民，也采用各种措施，限制其出行和旅游。然而，这一措施到明代中后期基本上已失效。

为了加强皇权，明代规定皇帝专用道路是神圣不可侵犯的。《明太祖实录》卷一〇六载，洪武九年五月辛丑，礼部上奏："凡殿庭颁降诏书册命，宜从中道中门出，近东而行，其内外官员赍捧御制文字及御用之物进呈，不许直行中道，或左或右，取便以行，至御前则正中跪进。光禄司进御膳等物，亦不可当中道直行，许于正道边左以进。凡御座处即为正道。如上御奉天门，则于正门边东入，将至御前，正中供具膳毕而出,亦如之。若上常所往来处,其奉御内使捧执御用之物,听使令者皆须近后取便左右行,不许随后径驰中道。违者杖一百。"太祖准奏,并要求作为法令执行。明代小说也反映了皇帝对旅行道路的垄断情况。当西门庆恭身进了蔡太师的大门后,"只见中门关着不开,官员都打从角门而入"。西门庆便问:"为何今日大事,却不开中门?"翟管家道:"中门曾经官家(指皇帝)行幸,因此人不敢走。"虽讲的是宋朝事,但实际上反映了明代的社会现实。在官民之间,也实行"贱避贵"的制度。明小说载:"西门庆……公事毕,方乘了一乘凉轿,几个牢子喝道,簇拥来家。"喝道,就是让百姓回避。

为了维护政权稳定,明清加强路引与旅客身份检查制度。

路引是百姓旅行的通行证。《大明律》卷十五"兵律三"规定:"若军民出百里之外,不给引者,军以逃军论,民以私度关津论。"告讨路引是出外旅行者或经营工商业者碰到的第一道难题。要取得路引,必须先向官府提出申请,说明理由与去向,由官府酌情审批。万历时的《新刻皇明诸司廉明公案》卷四"汤县主告给引照身"中,保留了一份请求官府发给路引的申请书:"(浙江)江山县游扬状告为给引便照事……身带资本前往南京生理,旅途往返,不无关津盘诘,告给路引,以便照验。庶使奸细不致混淆,商路程限,免为留难。"路引制度在整个明代都存在着。据《明英宗实录》卷四十四载,正统时,湖广襄阳府宜城县知县廖任介绍说"诸处商贾给引来县生理"。明天启时的《士商类要》卷二"客商规略",在"为客十要"部分,规定了这样的一条:"凡出外,必先告引。"这一制度,一直延续到明末。

路引制度在明代来华的外国人那里,也被严格执行。1584年,罗明坚和利玛窦在肇庆建成了一座采用欧式风格并以青砖白灰建筑的教堂。不久,"传教士又收到两份盖有肇庆知府官印的文件。一份是捐赠盖房地皮的证明，另一份是准允传教士去广州、澳门或国内其他地方旅行的文书"。

明清宵禁制度依然延续着。开封实行宵禁，在清代小说《歧路灯》中有不少反映。有一位仆人德喜曾说："街上又撞着一位老爷查夜，把俺两个盘了又盘，只说俺犯夜。后来说到萧墙街谭宅，那老爷提起俺老爷名子，俺说是老家主。那老爷点点头儿，抖开马才走了。再不敢黑夜在街里走。"有人谎称王隆吉病，要谭绍闻送药去，谭绍闻道："街上夜紧，盘查也厉害。我明早去罢。"王氏道："你快跟的去，明早回来也不妨。"还有一次，谭绍闻与夏逢若二人"转至大街往东正走，只见碗口大字一个灯笼，上面写着'正堂'两个字，有四五个人跟着，一位老爷骑着马"。谭绍闻吓了一惊，而夏逢若却道："怕啥哩！"一直往前撞去。只听跟随人役大声喝道："什么人？"逢若不慌不忙说道："是取药哩。"那老爷在马上即接口道："拿药来验。"夏逢若从袖中取出一封药，上面还叠着一个方子。随从拿起灯笼，那老爷展方一看，问道："是你什么人害病？是何病症？"夏逢若从容回首："小人母亲害心疼。"那老爷微笑了一笑，说道："医生该死。"将药递于从人转付夏逢若，又问："那一个人呢？"逢若道："是小人兄弟。"那老爷说道："去吧。"二人走开。脱险后，夏逢若笑着对谭绍闻说："晚上街头走动，说是取药，就不犯夜了。这一包子金银花我已使过三遭了。"绍闻道："假如没有药时？"逢若大笑道："那就没法子么？就说是接稳婆。难说做老爷的，去人家家里验女人不成？"还有一位叫王中的人到王氏家去，敲门后，王氏问道："你怎到的这样早？"王中道："我昨晚想赶进城来，到南门时，门已关了。店里住了一夜，闪开门就进来。"说明王中进城时，城门因宵禁已闭，只得等到天明后进城。

除了宵禁令外，明清旅行制度还延续着"贱避贵"的规定。官差特别是皇差，拥有旅行优先权和交通工具征用权。清小说称，明北直隶南宫县人窦丛，在阿南省城贩棉花，开白布店，正月十七日要回家探亲，出了省城，才只走了十里，遇见本街一个交好的客商，说："今日不能过河。皇上钦差大人，往湖广承天府钟祥县去，把船都拿了，伺候皇差。咱同回去罢，另择良辰起身。"与此相应，古代"贱避贵"的制度也在执行和延续。

■ 明清旅行风俗

明清时期，除了旅行制度外，还流行着一些旅行的风俗。如出行前的择吉、饯行，到达后的接风、洗尘等。

出行宜忌和择吉风俗在明清时仍然风行。出行宜忌，是方士制定的出行吉日和禁忌之期。择吉就是选择出行的好日子。择吉术源于术士们玩弄的居家旅行宜忌，后者常常令旅行者裹足不前。

明清依旧延续并流行饯行和洗尘、接风的风俗。饯行是为远行人摆酒送行。清小说《歧路灯》写道："谭绍闻得了母亲怂恿，叫德喜跟着，拿了银子到笔墨铺、绸缎店置买东西……择日起程。王氏叫巫翠姐整了饯行小内宴。"又一次，"诸事已毕，盛希瑗于绍闻临行前夕，备了一桌酒饯行。只此二人，别无陪客"。

洗尘是为远游归来的人设宴欢迎，《歧路灯》写道：德喜路上遇见截路断道的贼，吓病了，正躺在床上。夏逢若来了说："我今日之来，一来为贤弟压惊，二来为贤弟洗尘，三来为贤弟道喜，备了个菲酌，明日请到我家吃杯水酒。"

洗尘也叫洗泥、濯足。明人陆嘘云《诸书直音世事通考》卷上称，接待远来之客的"洗泥"风俗，又称之为"濯足"。濯足的来历显然与唐代马周有关。明代小说《喻世明言》卷五"穷马周遭际馇媪"中，称马周初入逆旅,说道:"俺一路行来,没有洗脚,且讨些干净热水用用。"王公道:"锅子不方便,要热水再等一会。"马周道:"即如此,先取酒来。"王公于是按照马周的要求,吩咐店小二,"一连暖五斗酒,放在桌上,摆一只大磁瓯,几碗热菜之类。马周举瓯独酌,旁若无人。约莫吃了三斗有余,讨个洗脚盆来,把剩下的酒,都倾在里面,踞脱双靴,便伸脚下去洗濯"。

洗尘又叫"拂尘"和"掸尘"。《金瓶梅》载,陈敬济从东京回来后遇见了一个"识熟朋友"铁指甲杨二郎,"杨二郎招了敬济,上酒楼饮酒:'与哥拂尘'"。"拂尘"字面上讲就是拂去尘土,它与掸尘的意思是一样的,因此,洗尘又称"掸尘"。《红楼梦》第十六回"贾元春才选凤藻宫　秦鲸卿夭逝黄泉路"又写作"掸尘":贾琏远路归来,凤姐笑道:"国舅老爷大喜!国舅老爷一路风尘辛苦!小的听见昨日的头起报马来说,今日大驾归府,略备了一杯水酒'掸尘',不知可赐光谬领否?"

洗尘风俗常常被称为"接风"。"接风"的说法,见于明代小说《水浒传》第五十回"吴学究双掌连环记　宋公明三打祝家庄":宋江率众打祝家庄得胜回寨,"寨里头领晁盖等擂鼓吹笛,下山来迎接,摆了'接风酒'"。第五十四回"入云龙斗法破高廉　黑旋风下井救柴进"也说,戴宗、李逵、公孙胜等来到高唐州前线宋江军中,"宋江、吴用等出寨迎接,各施礼罢,摆了'接风酒'"。《金瓶梅》载,某次,西门庆远行回来后,月娘便"分付整饭伺候,一面就和六房姊妹,同伙儿到厅上迎接"。"众妻妾一齐相迎进去。西门庆先和月娘厮见毕,然后孟玉楼、李瓶儿、潘金莲,依次见了,各叙寒温。"西门庆把路上辛苦并到翟家住下,感蔡太师厚情请酒并与内相日日吃酒事情,备细说了一遍。"月娘一面收好行李及蔡太师送的下程,一面做饭与西门庆吃。到晚又设酒和西门庆接风。"看来,接风是很正式的仪式。

此外,明代还曾流行玩旅游游戏图的风尚。所谓旅游游戏图,是以纸画出旅游线路,由多人参与游戏,以投色子"占点",决定扮演不同的角色,根据角色执行相应的指令,看谁最先到达目的地。

■ 明清骑乘风尚

明清时期,人们选择的旅行方式很多,水行乘船,陆行乘车、骑马、步行等,然而,在自由选择的基础上,出现了骑乘的时尚,那就是社会风行乘轿。

明清江南文人喜欢乘船出游。巫仁恕在其《明清游道》一书中已有证明。乘船似乎无关风尚,它是迫不得已的一种出行方式。

妇女的骑乘方式中,乘轿是一种主要的形式。明代民间嫁女便用花轿迎送。《醒世恒言》"乔太守乱点鸳鸯谱"中载,孙寡妇嫁女,"到了黄昏时候,只听得鼓乐喧天,迎亲轿子已到门首","宾相念起诗赋,请新人上轿"。《歧路灯》称:"抚台太太坐下吃了一杯茶,说了几句安慰话,盼咐一声回衙。丫头传与家人,家人传与伺候人役,将八座放正,伞扇排开,二乘送女客轿子,随着一切家人媳妇婢女二人小轿七八乘,盼咐不鸣锣不喝道,径回院署而去。"长途跋涉则乘骡子拉的驮轿。盛希侨道称:"家母昨日从山东家母舅家才回来,驮轿上坐了一千多里,如今在楼上睡了。好几天还歇不过来哩。"

▲ 汉代结婚剧照

妇女乘轿历史上有传统，男人乘轿则是在南宋以后，是时代风气所致。明清以后，官员自县令以上，皆乘轿子出行，并通过轿子帷幕的颜色来区别官吏的级别。只有武官才骑马旅行。据黄佐《翰林记》载，明初，风尚比较质朴，庶吉士多步行，有的则乘驴行走。后来形成规矩：翰林院官员都乘马，但迁至三品以上，就照例可以乘肩舆。说明乘轿是地位的象征。除官员外，民间出行乘轿也蔚然成风。徐霞客旅行考察时，也常乘轿子。由于他手中有官府发的"马牌"，所以沿路驿站及为驿站承差的村民都要为他准备肩舆。他坐的轿子比较简陋，是"以竹椅缚舆"，即把竹椅绑缚在横竖四根竹竿上，由村民抬着他"度小溪""越小水""入土山之峡""跻土山而上""跻山之巅"。有一次"村人不肯缚舆，欲以牛车代"，徐霞客不干，"相持久之，雨丝丝下，即而草草缚木于梯架"，徐霞客这才"持伞登舆"。徐霞客坚持乘轿而不坐牛车，反映明代旅游时尚的特色是贵轿子而贱牛车。

在传教士眼中，明代的乘轿之风甚盛。肇庆"教堂四周的街上常挤满轿子，河上拥塞着小艇和官员们的大船，它们体积大，装饰华丽，引人注目，显得很有气派"。利玛窦来到南昌，遇到一个朋友，是省城人，"他送他一顶轿子，以备他要外出时使用"。"除去骑马旅行而外，到处都是抬官员们和要人们的轿子。北京的这种乘坐工具要比南京或者中国其他地方的花费大得多"。

 知识链接

明清时期的鸡毛店

明清时代，特别是明朝中期以后，统治者愈加奢侈，鲸吞人民财富。统治阶级的贪婪，必然使广大劳动人民贫困不堪。大批农民离乡背井，

流落北京、南京等大城市，成为乞丐和流民。于是，明清时最简陋的小客店——鸡毛店，便在这种社会背景下出现了。这种小店一无床铺，二无布被，土炕上堆的鸡毛稻草算是被褥，门上挂的破麻包片儿当门帘。来这里住宿的，全是乞丐、无业游民、吹鼓手和杠房的零工等。

　　清代乾隆年间，这种小店又称"火房"，"盖以宿穷民无被褥者及流丐人，屋内泥涂纸糊无织隙，积鸡毛二尺许，人宿其中，可免僵冻"（汪启淑《水曹清暇录》）。这是清代有关鸡毛小店的最早而又最详细的记载。

　　比这种鸡毛小店稍好一些的，称为起火小店，住店人可在店里起火做饭，客店只管蔬菜和水。清末《京华百二竹枝词》注云："这种小店，一则备饭不备菜，菜须客人饭时点用，另行开钱，吃饭与否，房饭一律；一则只租房屋，水钱由客酌给。"来这里住宿的，有贫苦的民间艺人，锔锅锔碗的小炉匠，卖果子的小贩，占卜算命的先生等，五花八门。总之，都是有点谋生手艺的城市贫民。

第七章
古代旅馆发展变化与管理

　　"旅馆"一词在唐代正式出现,但是这一营业性的服务设施的出现却远非始于唐代。中国古代旅馆在其漫长的发展进程中,在政治、经济、文化诸因素的制约下,以及来自域外的各种文化的影响下,在各个方面都形成了自己独有的民族特色。

第一节 古代旅馆的产生发展历程

旅馆是社会经济发展的必然产物，只有当社会经济发展到生产水平、制造技术足以使旅行活动可以逾越一定的空间范围和具有一定的规模，并使旅行与接待之间的供求关系具有相互的依赖性和联系性时，具有商业意义的旅馆才能形成。本节以时间作为纵轴，以古代旅馆的功能、类型、规模作为横轴，分析和阐述中国古代旅馆在时空上的发展与变化。

■ 西周行宫苑囿的出现

西周是我国历史上第三个奴隶制王朝，也是我国奴隶社会发展到极盛和开始衰落的转折时期。西周初年，政通人和，天下安宁，刑错四十余年。民和睦，颂声兴。周武王为巩固朝廷统治，加强与诸侯封邑的联系，大力整治驿传交通，修筑驿道，建造传舍，因而有"周道如氐，其直如矢"。西周驿道，全长3000多公里，沿途设置"庐、宿、市"等供膳备宿设施，号称"一市二宿三庐"。《周礼》一书比较详细地介绍了西周驿亭传舍的情况：

凡国野之道，十里有庐，庐有饮食；三十里有宿，宿有路室，路室有委；五十里有市，市有候馆，候馆有积。

说明周时驿道，每隔三五十里就设有市宿。市者，集市也；在集市中开设的旅馆设施叫"候馆"。宿者,营地也;在营地中开设的旅馆设施叫"路室"。馆和路室都备有住所、饮食、粮草和马匹。两市或两宿之间,还设置了庐。庐者,房舍也。每十里一庐。周时不仅在官道沿途开设食宿设施,而且"列树以表道,立鄙食以守路"。国野之道遍布王畿周围,据考证,镐都四面设十二个关口,从京师有大道直通,出京至关500里路,沿途尽设各种供膳备宿设施。按"一市二宿三庐"计算,十二关内五百里驿道约有6000余里,设有市、宿、庐约六百余处。

周武王之后的"成康之治",两周经济发展更快,农业和手工业生产有了进一步的发展,商业成了不可缺少的社会经济部门。从《国语·周语》中可知,周时已建立一套专门的馆舍制度,即在城市按等级分为馆、寄寓和施舍三种。馆专为国宾设,后两者为平民设,并提出"宾至如归"的旅馆服务宗旨。《周礼·秩官》中对国宾之馆也有详细的描述。

周代商旅的繁荣不但进一步扩大了旅行的内含和范围,而且极大地促进了交通条件的改善。按周制,朝廷分天下道路为五等:"径容牛马,畛容大车,深容乘车一轨,道容二轨,路容三轨。"其中"深""道""路"的设计显然是立足军事、外交和皇室巡游目的,而"径""畛"则显然是为商旅而设置。周的经济繁荣同时也带来了皇室贵族的近于糜烂的巡游、娱乐旅行。周初的君王曾告诫自己的子孙们:"无淫于观、于逸、于田、于游。"但周的子孙们仍受自然山水之壮美的吸引而不听祖训沉湎于逸游。

■ 春秋战国的旅馆

春秋战国时期,旅馆的发展出现了官办的、用于接待使臣、官吏的"诸侯馆",用以接待信使驿吏的"驿亭""传舍",用以接待文人养士的"养士馆""传舍",用以接待普通商旅的民办旅馆"逆旅""客舍"和用以供诸侯休闲、游乐的"苑囿"。

春秋战国时期,列国之间"朝聘"、诸侯间盟会频繁,拜天子、结盟友、小国朝贡大国等外交、朝聘之旅盛极。因此,各国接待各路诸侯的王姬之馆、诸侯之馆则大为盛旺。"庄公元年秋,筑王姬之馆","襄公三十一年……筑诸侯之馆","晋侯见郑伯,有加礼,厚其宴好而归之,乃筑诸侯之馆"。《左传·襄公三十一年》中也有:"以崇大诸侯之馆,馆如公寝,车厩缮修,司空以时平易道路,圬人以时塓馆宫室。"当时晋国的"箕馆",鲁国的"重馆",赵国的"陶丘之馆"都曾是春秋战国时期具有代表性的古代官办"宾馆"。

《左传》中详细记载郑伯子产使晋,驱车破墙而入晋国宾馆,并以"崇大诸侯之馆""宾至如归"的道理说服晋侯筑馆建舍去"赢诸侯"。"宾至如归"始用于西周,到春秋战国时已成为官办、民办旅馆礼仪待客的格言,并在几千年的旅馆流变中一直被引用至今。

"置邮而传命"是春秋时孔子提出的。春秋战国的驿传比西周有所发展。建在驿路上,供驿使、邮吏休息饮食的"传舍""驿亭""传置"也常在反映春秋战国史实的《春秋》《左传》《国语》《战国策》《史记》

▲ 古代娱乐图

中出现。

春秋战国时期，诸子斗法，百家争鸣，各种文人、贤士的士大夫旅行充斥旅途，名门贵族纳贤养士成为时尚，各种接待文人养士的"养士馆""传舍"相继出现，并具一定规模。如燕昭王在燕都郊区设置的"招贤馆"，吕不韦的"招贤馆"有养士三千多人。孟尝君的"传舍"分为高级的"代舍"，中级的"幸舍"和低级的"传舍"三等以接待不同身份的养士食客。此外，魏信陵君，赵平原君，楚春申君等人的"养士馆"也都有上千食客。

■ 秦汉时期的旅馆

1. 秦苑汉宫，宏侈钜衍

秦汉时期，王室贵族的巡游之风和宫廷之旅达到了鼎盛。秦苑汉宫等大型游乐、休闲场所就是其产物。

秦始皇统一六国后，便开始大规模兴建离宫别馆。在秦代短短的12年中所建置的离宫大约有五六百处之多，仅在都城咸阳附近就有200余处。汉时各朝皇室也都高筑宫馆。汉武帝在全国各地筑有宫馆，《汉书·枚皋传》载有汉武帝东巡狩，"游观三辅离宫馆，归山泽"；汉惠帝筑有"桂宫""北宫""明光宫"；汉宣帝筑有"甘泉宫"；汉昭帝筑有"淋池"等。东汉的明帝、和帝、安帝也因巡狩游观而热衷于"修宫室""起苑囿"，他们的离宫苑囿主要集中在东汉首都洛阳的郊外，或"因原野以作苑，顺流泉而为沼"，让鱼藻满池，禽兽驰骛；或"于昭明堂，明堂孔明"，让皇帝参天拜地，颂神颂祖；或"乃流辟雍，辟雍汤汤"，让皇帝造舟为梁，迎宾会客；或"乃经灵台，灵台既崇"，让皇帝登高览胜，赏心悦目。其宏大奢靡的程度，均不亚于西都长安的建置。汉时宫苑规模最大的当属上林苑。上林苑里，"离宫别馆，弥山跨谷，高廊四注，重座曲阁"。西汉宫、苑、观、阁层出不穷，洛阳域内有南、北两宫，城东有"永安宫"，城西有"西园"，城外还有上林苑、芳林苑等九座行宫御苑供皇室游乐、休闲。

汉时的王公贵族也仿效皇室，大兴山庄别墅。如吴王刘濞筑的"长州之苑"，梁孝王刘武营建的"兔园"，东汉大臣梁冀的苑囿等。

2. 邮亭传舍，商旅同次

秦始皇统一中国后，为了加强管理与控制，征发大批力役，整治天下驰道，驿道畅通无阻，"驰道通天下"，并制定和颁布"邮驿法令"。在修治驿道的同时，秦以都城咸阳为中心，在各地驿道上设立"驿站""邮亭"，供膳备宿于过往的官吏、驿使和民间商旅者。秦代"亭"遍布城乡。汉承秦制，疆域之辽阔远过于秦。在秦代驿道的基础上，汉代交通发展迅速，建立了比秦域更加广阔的交通网络，并设置有各种供膳备宿的场所。有设在城镇之中，供商贾官吏住宿饮食的"传舍"；有设于驿道上，接待驿使的"置传"；有设在村寨民宅所在地，供商旅者食宿的"邮亭"；有设在远离城郭，沿道而建，供过往官吏食宿的"亭传"等。贯穿东西陆路，通往西域的"汉道"——"丝绸之路"的开通，使秦汉成为中国古代商业繁荣发达的一个时期。汉时商旅的发展，大大刺激了民间旅馆的发展，"逆旅""客舍"等民间旅馆兴盛。

3. 城市旅馆，郡邸谒舍

秦汉时期，城市发展十分显著。到汉平帝时，已有"凡郡国百三，县、邑、道、侯国千五百八十七"。东汉市邑数目已超过郡县，"天下百郡千县，市邑万数"。随着经济的发展，汉代城市商业职能增强，出现了一些人口规模较大的商业城市。城市中为商旅、官吏提供食、宿的旅馆也得到相应的发展。汉以前，中国古代民间旅馆仍局限于王城之中，以及交通沿线地点。由于汉城商业化，而使民间旅馆渐入城市。"谒舍"就是其中之一。《丹铅总录·王莽传》曰"里区宿客之舍为谒舍",《汉书·食货志》有"方技商贩贾人,坐肆里区谒舍"。"里"为汉代城市内街巷。汉长安的各个区都设有谒舍招待商旅。朝廷也在城内设"郡邸"和"邸舍"接待官吏使臣。如设在长安城内的"蛮夷邸"归"大鸿胪"管理,专门接待外国商贾。汉时进京朝觐的官吏大都住在城里的"邸舍"。此外,城市里还有王室贵族豢养食客名士的各类"养士馆",如汉相公孙弘的"东阁客馆"、淮南王的"养士馆"等。

■ 魏晋时期的旅馆

晋人潘岳的《上客舍议》为我们描述了魏晋南北朝时旅馆发展的概貌:"连陌接馆""公私满路,近畿辐辏,客舍亦稠"。

魏晋时期旅馆的特点是民间旅馆特别盛行。曹操为促进贸易和繁荣经济,鼓励、支持发展民间旅馆,主张"逆旅整设,以通商贾",设立"客馆令"。蜀刘备也"起馆舍,筑屏障",用于接待官吏、商旅者。吴国也大力发展交通驿道的"邮亭"和"传驿",从而促进了三国旅馆的大发展。晋时亭一类官办机构,由于官商作风、管理不善以及使用不便而逐渐被淘汰。因此朝廷有人对民间旅馆"逆旅"的发展感到担心,认为"逆旅逐末废农,奸淫亡命,多所依凑,败乱法度,敕当除之",主张封闭民间旅馆,改设官办的"官橘""十里一官橘",使老小贫户守之。又差吏掌主,依客舍收钱。从中可以看出晋初的官办旅馆比起秦汉时十里一亭,五里一邮来说,显然要少得多。当时的著名文学家潘岳抨击了这种观点,并给皇帝写了一封奏折,建议发展民间旅馆。

东晋南北朝时,长江流域经济发展迅速,商业繁盛。当时史称"市列肆,埒于二京"的政治、经济中心建康(今南京)盛况空前,城市旅馆很多。梁朝仅梁武帝之弟肖宏一人在建康城内就开办招待各路商客的"邸店"几十座。

■ 隋唐时期的旅馆

隋唐是中国封建社会的全盛时期，隋唐邮驿无论在制度严密完备上，在水驿陆驿相兼上，或是在驿站、馆驿的繁多上，还是在驿馆建筑宏伟上都远远超过前代。这一时期官办旅馆的情况和秦汉有了很大变化，亭已取消，驿邮合一并兼有馆舍职能，故有"馆驿"之称，仍三十里一置，规模比以前大，供行旅者使用的公共活动部分也增多。

隋唐官办馆驿发展的盛况，可以通过柳宗元在其《馆驿使壁记》的描述得以概括："自万年至于渭南，其驿六"，"自灞而南，至于蓝田，其驿六"，"自长安至，其驿十有一"，"自渭而北，至于华原，其驿九"，"自武功西至于好畤，其驿三，自咸阳而西，至于秦天，其驿六"。

▲ 古代馆驿

就民间旅馆而言,由于贸易发达,商旅必多,民间旅馆也就必然兴旺。隋时大运河的建成,"商旅往返,船乘不绝"。为了满足商旅食、宿的需要,在全国范围内,兴起了"广造旅邸"的浪潮。

隋唐民间旅馆兴盛,馆驿遍天下。韩愈的诗句"府西三百里,候馆同鱼鳞",就是隋唐时旅馆兴旺发达的最好写照。

■ 宋元时期的旅馆

宋时旅馆十分发达,呈现出前所未有的兴盛局面。

邮驿到北宋时进入了全新的发展时期,形成了驿与递共存的局势。官办于驿道上的供膳备宿机构也发生了变更。驿有"驿站""驿舍""驿馆""馆驿"等食宿场所用以接待过往官员、商旅和游客,递有"递铺""邮铺"等食宿设施专门用于接待信差邮使。"驿"设在交通干线上,60里就有一驿。"递"既在交通干线上,也遍布在非交通干线上,递铺间距离只有20里。《夷坚支志》载:"每二十里置流星马铺,转达文书,七八十里间则置驿舍,以为兵师往来顿宿处,士大夫过之者,交寓托焉。"南宋江南八府47县,就有递铺377处。宋时驿、铺遍布极广,数目之多,《永乐大典》说北宋"州府县镇驿、舍、亭、铺相望于道,以待宾客",就是最好的描述。

在城市内,官办的旅馆则以接待各国使臣的"馆""驿"为主。北宋汴梁城内建有专门接待辽使的"班荆馆",专门接待契丹使臣的"都亭驿",专门接待交州、龟兹等地贡使的"来远驿",梁门外有"同文馆"专门接待高丽使者,"瞻云馆"专门接待南藩使者等。南宋临安也有"怀远驿""樟亭驿""班荆馆"等用来分别接待各路使臣。辽上京也设"同文驿"招待各国使节,"临潢驿"接待夏使,中京大定府"大同驿"接待宋使,"朝天馆"接待暹罗使等。金在燕京有"四方馆""燕京馆""来宁馆"。元在大都也有"会同馆"。宋时官办旅馆除了用于接待官吏使臣的"政治旅馆"外，还有一些属于朝廷开办的、营利性的"官屋"。

宋时民间旅馆兴盛，与当时政治安定、经济繁荣、旅游与旅行盛行有关。宋时出现了类型繁多的旅行者。

商务旅行者。宋代，社会经济发展迅速，在重商思想的熏陶浸染之下，出现了一大批为利而奔的商人。宋代的许多话本小说，常有对他们的描叙。如话本《刎颈鸳鸯会》里的张二官，"是个行商，多在外，少在内"。话本《错认尸》里的乔俊，"专一在长安、崇德收丝，往东京卖了，贩枣子、胡桃、杂货回家来卖，一年有半年不在家"。这些数量可观、栉风沐雨、役役旅途的行商，是民间旅馆重要的客源。

应试举子。宋代的科举制度有了很大的发展。取士名额的增加，刺激了文人选择科举这条入仕之径。因此，每逢应试之期，大批举子便涌向各路州府或京城。《梦粱录》中记载的乾道年间，"诸路士人比之寻常十倍，有十万人纳卷"。这些应试举子，更是民间旅馆的常客。

仕途旅游者。宋朝州县的各级官员，均由朝廷直接控制，而且规定地方官必须三年一换。所以，经常有大量的地方官员，千里迢迢来往于京城，这就在客观上为他们提供了沿途游山玩水留宿于馆舍的机会。

观光游客。由于社会环境相对安定，宋代的旅游观光盛行，出现了一些纯旅游的游客。"各乡村男女坐船而来杭州，其船何止千艘之多。"而乡间的青山秀水，也颇为城市居民所向往。无数的名胜古迹，更使游人流连忘返，夜宿不归。

各种旅行人员的出现，旅游的发展，流动人口的增多，旅游者食、宿需求的大量出现刺激了宋时民间旅馆的巨大发展。宋时民间旅馆已在各城市中具有一定的规模。城市街道客店栉比，各式旅馆充满街市，城市与城郊"邸店""客店""旅店""饭店"等各种形式的旅馆层出不穷，形成了一幅旅馆春色图。

元时城内与城郊也有许多供商旅者休息的"馆舍""客店""客栈"和"招商旅店"，这在《马可·波罗游记》和《西厢记》《金凤钗》《独角牛》《望江亭》等剧目中也常有描述。

■ 明清时期的旅馆

明清旅馆的发展，以地区性和行会性的会馆和民间客店为最。官办驿馆及接待外宾使臣的"馆""驿"，则随朝势时兴时衰。

明初，驿递发展超过元代。全国要冲，都设有驿馆递铺，铺距相隔十里，驿距相隔六十里。在城市官办的驿馆称为"会同馆"，在驿道干线上的称为"驿"或"递铺"。《明会典》载："自京师达于四方，设有驿传。在京曰'会同馆'，在外曰'驿'。"

明初驿馆递铺，分布广、设施多、规模大。如《黄州府志》载，湖广黄州府一州七县，有急递铺101处，每处有厅房3间，东西厢房各3间，邮亭1座，铺门1间，牌门1座，墙垣1围，桌椅什物俱全。东平府恩县"太平驿"，后堂"重华馆"，中为正堂3间，耳房2间，铺陈库东西各2间，后堂5间，厨房5间，厢房3间，库房14间，厩房30间。明中期，驿道管理弊端倪现，驿官腐败，驿政废弛，当朝大臣张居正提出"厚农而资商，厚商而利农"的主张，推行"一条鞭法"，裁减驿传。以后则开始了三次全国性的驿递整饬。但三次驿递整饬收效都不大，以致造成明代"驿站""递铺"时盛时衰的局势。

清代旅馆的发展伴随着清代从清初经济的残破到三朝的繁荣，至清末衰败的状况而起伏变化。清初"驿路荒凉，邮亭焚毁"，《清宫内阁揭贴》云："驿递繁苦，马倒夫逃，处处皆然。"驿站、递铺等供膳备宿状况可想而知。从康熙以后三代，驿递有较大的发展，并在驿道上设有驿、站、塘、台、所、铺。《光绪会典》载："凡置邮曰驿、曰站、曰塘、曰台、曰所、曰铺，各量其途之冲僻而置焉。"驿、站、塘、台、所、铺或提供食宿，或运递官物，或走递公文，或储存货物，为过往官员、驿吏、商旅者旅行提供了方便。

清在城镇内的官办旅馆称"馆"。京师"会同馆"既是驿传管理机构，又是接待各路使臣的宾馆。清朝各部都设有宾馆。如兵部在王府井的宾馆，礼部在城坊胡同的宾馆等。专门对外的"会同馆"设有"俄罗斯馆""高丽馆"，以及"越南""缅甸"等馆。

康熙开放海禁后，专门服务外国商人食宿和贸易业务的"十三行商馆"出现。"十三行商馆"采用租赁制，并按租赁使用人的国籍而设立诸多分馆。如广州十三行商馆就有"荷兰馆""美国馆""法国馆"等。

明清时的景区旅馆也十分发达。张岱《泰安州客店》载："客店至泰安州，不复敢以客店目之。"道出了泰山景区客店的情景。至明末，泰安城中已有旅店数百家，在泰山中和泰山顶也有旅店。明万历年间陈文烛登泰山时，已见"（天）门内平壤，为市庐者数十家"。这些市庐后来发展成为清末远近知名的天街元宝店。清末泰安以专门接待香客的八家香客旅馆统称的"八大店"远近闻名，成为当时泰安"仕宦行台，安寓客商"的有名旅馆。

会馆是明清时期产生并形成的一种具有旅馆性质的民间自设组织，它与秦汉长安的郡邸、北宋的行馆不同，前者属于民间会馆，后者却属官办会馆。会馆形成于明永乐年间，发展于明嘉靖万历时期，鼎盛于乾康之际。"各省争建会馆，甚至大县亦建一馆，以致外域房屋基地地价腾贵。"明清会馆，不仅有地区性会馆，而且还有行会性会馆。

北京的地区性会馆主要接待赶考的各省举子，行会性会馆主要接待各地商人。全国凡工商业较发达的城市均遍设会馆，以使外地商人"住宿有所，贮物有仓"。

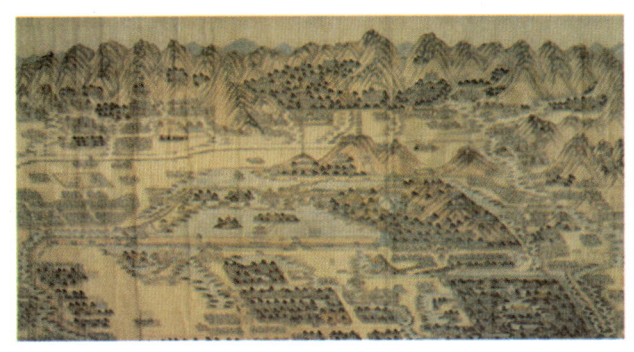
▲ 皇家花园

北京会馆最多时达数百座，大部坐落在宣武门外到前门一带。苏州从明万历开始发展，会馆多时达九十余座。"长安会馆知多少，处处歌筵占绍兴"就是明清时期会馆尤多的最好写照。会馆作为一种以地缘为联系纽带而发展起来的具有集体形式的民间旅馆，为明清时期各地商人、赶考举子、地方官吏旅行提供了食宿的便利方面，在弥补旅馆不足，促进明清时期旅馆的发展方面起到了不可忽视的作用。

行宫、苑囿产生于宫廷的巡幸游乐活动。中国古代历史上的宫廷游乐有四次高潮。分别出现在秦始皇，汉武帝，隋炀帝，清康熙、乾隆时期。其余皆细水静流，没有太大的波澜。产生宫廷游乐高潮的历史背景是皇帝自身或父辈创建了可以骄示海内、维系太平的文治武功，国家疆域辽阔，政局稳定，经济好转。清康熙、雍正、乾隆三代盛世，使清代再次掀起宫廷游乐活动的高潮，并使产生于游乐活动的行宫、苑囿有了进一步的发展。清代宫廷旅游活动主要有巡游、游猎和游园三种形式。

第二节　古代旅店的管理

■ 古代旅店的住宿制度

现代人入住酒店需要用身份证办理登记，而古代旅客住店同样要按照政府颁布的住宿制度办理住宿手续，这在战国时期就已出现。这项查验旅行凭证的制度不仅在民间旅店实施，而且在驿站中也同样实施着。这项制度的颁布和实施，是统治阶级维护封建统治秩序的一项法律措施，它随着历史的发展而日益完备。从相关文献资料来判断，至元代，中国古代旅店在坚持查验旅客旅行凭证的同时，又有了住宿登记制度。例如中世纪摩洛哥旅行家拔图塔《游历中国记》一书中写道："在中国行路，最为稳妥便利……路中各站，皆有逆旅可以息宿，有官吏专管之……天全黑时，管理官员及其书记来舍，将留舍客人逐一点名记簿，盖印后，闭门，使客安睡。至次晨天明时，吏及书记复来，依名单唤客起，作一证书。"《马可波罗游记》中亦有同样记载："一切客栈和旅馆的老板，也同样将寄宿客人的姓名，登记在一本簿子上，注明他来去的日期和时刻。这种登记本，每天还要另备一份，送交前面曾经提过的驻在方形市场的那些官吏。"这些记载说明元代时，客来登记、客走销簿的住宿制度在全国各地已普遍实施。

旅店所备的旅客登记簿，其栏目由政府有关部门统一规定，这种登记簿现在叫店簿，明代时则称"店历"。《明史·食货志》载："关市之征，宋、元颇繁琐。明初务简约，其后增置渐多，行赍居鬻，所过所止各有税。""凡纳税地，置店历，书所止商（估）氏名物数。"《万历会典》卷三五收税条更有关于店历的使用及管理机构的记载，上载："凡客店，每月置店历一扇，在内赴兵马司，在外赴有司，署押讫，逐日附写到店客商姓名人数、起程月日。月终，各赴所司查照。"

元明时，民间旅店又有"不下单客"的规定。单客即只身旅客，如若住店，须有保人。例如元代杂剧《金凤钗》中就有"店家不下单客，我做保人知在"的唱词。明代冯梦龙《醒世恒言》"小水湾天狐诒书"中更有"店家不下单客"的精彩情节。书中说：当王臣与店家正叙乡谊的时候，"忽听得背后有人叫道：'主人家，有空房宿歇么？'主人家答应道：'房屋尽有，不知客官有几位安歇？'答道：'只有我一人。'主人家见是个单身，又没包裹，乃道：'若止你一人，不敢相留。'那人怒道：'难道赖了你房钱，不肯留我？'主人家道：'客官不是这般说。只因郭令公留守京师，颁榜远近旅店，不许容留面生歹人，如隐匿藏留者，查出重治，况今史思明又乱，愈加紧急。今客官又无包裹，又不相认，故不好留得'。"看得出，元明旅店"不下单客"的做法完全是在当时官府的直接命令下实施的，因而这一住宿制度是当时封建政府统治制度的一部分。在中国封建社会里，由于广大农民和城市贫民不堪忍受残酷的压迫和剥削，揭竿而起的农民起义和平民暴动时有发生。东汉时张鲁领导的农民起义还提出了平民住店，不交房费的口号，说明平民百姓亦是中国古代旅店接待对象的一部分。封建统治者制定的住店出示旅行凭证和店家不下单客等制度，明显反映出他们对平民百姓自发地组织反抗队伍的畏惧。可见，封建社会的旅店住宿制度完全是出于统治阶级维护封建秩序的目的。

■ 古代旅店的纳税制度

中国古代封建政府从很早的时候，便颁布了向旅店征税的制度。《魏书·食货志》载：孝昌二年（526年）"税市，入者，人一钱。其店舍，又为五等，收税有差"。《隋书·食货志》记载，北齐武平（570—575年）之后，"黄门侍郎颜之推，奏准立关市、邸店之税，开府邓长颙赞成之，后主大悦。于是收其所入，以供御府声色之费"。这两条史料说明，南北朝时，向旅店收税已是政府财政收入的一个来源，并且是以商业税的形式向旅店征收的。当时已实行店舍分等课税的办法，即如上所引，将店舍分为五等，"收税有差"。征得的这些税金，完全用于"御府声色之费"，而不是富国富民。

在政府征收旅店税的实际过程中，纳税的多是中小旅店商人。那些拥有大量财物和旅店的王公贵族，则享有免税权。据《唐会要》卷八三记载，唐大历四年（769年），政府于正月十八日发布旅店纳税的政令："其百姓有邸店、行铺及炉冶，应准式合加本户二等税者，依此税数，堪责征纳。"看得出，纳税的仍是百姓。唐宣宗时，虽然有关征收旅店税的规定中特意强调了贵族官僚开店要同百姓一样纳税，但是实际上，纳税的仍是没有门路的中小旅店商。

封建政府向旅店征税律令的实施，在宋代是通过"行"的组织实现的。《居家必用事类全集》辛集中关于"司县到任，体察奸细、盗贼、阴私谋害不明公事……旅店各立行老"的记载说明，中国古代旅店到宋代已出现"行"的组织。文中的"行老"，即旅店行会的会首。耐得翁《都城纪胜》中对宋代的"行"解释说:"行者,因官府科索而得此名。"说明宋代旅店商人在官府的强制下,为了应付官府的科索,被迫组织起行会来。到明代,政府向旅店征税愈演愈烈,征收旅店税的政令不断发布,"永乐七年(1409年),令京城官店塌房,照南京三山门外塌房例,税银一分"(王圻《文献通考》)。明"宣德四年(1429年)塌房、库房、店舍,居商货者,悉令纳钞"(《明史·食货志》)。在征收旅店税的同时,明朝政府还向商人增征税钞,当时,商人"进店有商税,出店有正税",真可谓苛捐杂税"猛于虎"也。

■ 古代城市旅馆区制度

开设在城市的旅馆是营业性的社会服务设施的一部分,因此在我国古代,城市旅馆一直受城市管理制度的约束,这一点我们在前面的有关章节已经叙述。这里先从秦诸子的经济思想中,来进一步揭示城市旅馆区形成的历史渊源。

熟悉先秦诸子百家思想的人知道,管仲是中国历史上第一个将人们按职业划分为士、农、工、商的人。管仲主张"定四民之居",即"处士必就闲燕,务农必就田壄,处工必就官府,处商必就市井"。他强调四民不能混杂居住,"杂处"势必造成语

▲ 管仲像

言和行为的混乱，因而必须让他们分别集中定区居住。特别是商贾之家聚居一处，他们就可以根据年景的好坏、国情的变化、时令的不同、市场的需要，进行适时的贸易往还，调节国民的供求关系。他们的子弟自幼生活在这种职业性很强的环境中，耳濡目染地学会了经商，安定了自己的职业心，也就不会见异思迁了。这样做的目的，本来是使得不同的社会阶层各执其业，各不相扰，以利于分类教育，以利于社会秩序的稳定；而其结果，则促进了城市旅馆区的形成。由此可见，城市旅馆制度是整个国家政治，经济制度链条中的一个环节。它随着国家政治、经济的发展需要而产生，又随着国家政治经济制度的改变而改变。

■ 官店和皇店

在谈及古代政府对旅店业的管理制度和征税制度时，顺便说明一下封建统治阶级直接干预旅店业的一种特殊的历史现象，即所谓官店问题。

自从旅店行业成为社会商业活动之必需而有利可图的时候开始，封建统治阶级便利用手中掌握的政治、经济特权，在商货流通的要道设置邸舍、塌房，从中牟利，这是完全可以想象得到的一种现象。前文已经提到，唐代时，不少主管驿站的小官吏就能倚仗职权兼营一些客商旅行、住宿的生意。到了明代，所谓"官店"更为盛行，其数量之多，分布之广和规模之大，都是空前的。早在明初，朱元璋就命政府有关部门在南京"濒水为屋，名塌房，以贮商货"（《明史·食货志》）。辽东地方长官在安乐州（今辽宁开原）设置的官店拥有的房屋达数千间之多（《明世宗实录》卷二）。后来，朝廷直接掌管的官店索性公开打出"皇店"的牌子。更有不少是权贵勋戚假借朝廷之名开设的假

"皇店"。

但是，这种官店、皇店的本意在于"榷敛商货"，"网罗商税"以致"霸集商货"。所得或充作公帑，或供朝廷及豪贵奢靡之用。它们用以"招徕"客商的方式，是"拦接客商货物，张令车辆搬运入店"，"稍有不从，辄便殴詈"，甚至"挟以官刑，幽系私狱"。它们的取费方式不是按人或按房屋计算，而是按照商贷数量"收拓地钱"，有的"凡一车必银一两，过者皆不免焉"；有的"强行征买，转手高卖"，甚至"倚势赊买，恃强不偿"，几乎形同断路抢劫。其社会效果当然不是"便利商旅，促进繁荣"，而是"阻绝经商，暗损国课"，"行贾作弊，莫敢谁何"。总而言之，官店和皇店与当时流行的有关旅店"常歇客，通有无"的说法大相径庭，完全是一种对商人进行超经济剥削的横征暴敛。官店和皇店内即使设有招待商旅的宿客房间，也只不过是一种为盘剥商旅而建的附属设施，因而在此也就无须详加论述了。

 知识链接

饯别形式的演变

所谓"饯"，原本是指在向行神祝祷之后，旅游之人同送行之人"饮酒于其侧"的礼仪形式（《仪礼·聘礼》），然而到了魏晋时代以后，已经逐渐成为"祖道"的主体内容。随着这种民俗形式的进一步演变，可以说，敬奉行客的酒愈来愈醇厚，而敷衍行神的酒却愈来愈淡薄了。后来，所谓送别"游宴"虽然往往仍旧称作"祖席"或者"祖筵""祖饮"等，但是这种仪礼的真正的实质，已经离早期行神崇拜越来越远了。

古代又有送行时赠物赠言的礼俗，往往通称为"赠送"或者"赠别"

"赠行"。

"赠行"和"饯行"往往相互结合，于是又有"赠饯"的说法。"赠饯"之说，最初见于《国语·周语上》，即所谓"宾飨赠饯"，"而加之以宴好"。

赠送财物给旅游之人，有时是以路费的名义，又称作"下程"。饯行仪礼结束之后，行者与送者相互道别，这时，才正如唐代诗人韩偓的《杂家》诗中所写："祖席诸宾散，空郊匹马行。"把饯席上喧闹的人声抛在身后，漫长而孤寂的旅游生活正式开始了。

法 显

法显（公元334年—420年），东晋并州上党郡襄垣（今山西襄垣）人。他是中国佛教史上的一位名僧，一位卓越的佛教律法传播人物，是中国第一位到印度取经求法的大师，杰出的旅行家和翻译家。

早在公元399年，?62岁的法显从长安出发，经西域至天竺，游历20多个国家，收集了60多卷梵文经典，前后历时14年，于义熙九年归国。同行11人，回来时就一个人，由海路回国，途经斯里兰卡，前后历时13年，共游历30余国，携带很多梵本佛经，于义熙八年（412年5月）抵达青州长广郡牢山（今山东青岛崂山）。第二年秋到达东晋首都建康（今南京）。在道场寺同佛陀跋陀罗、宝云等译出《摩诃僧祇律》40卷，《僧祇比丘戒本》1卷，《僧祇比丘尼戒本》1卷，《大般泥洹经》6卷，《杂藏经》1卷。公元416年到荆州辛寺并撰写西行天竺记传《佛国记》，公元420年86岁圆寂于荆州辛寺。230年后玄藏才西去印度取经求法。

第八章
中国古代旅游出行工具

　　人类使用的交通工具经过了一个缓慢而漫长的发展时期,人们根据实际的需要,不断发明并改进已有的交通工具。人类很早就开始以家养的牛、马等牲畜驮运物品,后来出现了车辆和船舶,随着车辆和船舶的种类愈来愈多,运行速度愈来愈快,负载的重量也愈来愈大。这一系列的技术进步,也推动了古代旅游业的发展。

第一节　古代陆路出行工具

■ 马

在人类文明的历史上,马对通信、交通出行、粮食生产以及战争都有直接的推动作用。

西周至春秋时代,中原地区已经普遍使用马匹进行运输。春秋中晚期,随着生产力的发展,马的作用已十分凸显,中原地区的古人非常重视掌握并总结马匹的饲养技术。当时人们已将马分为六类,即种马(繁殖用)、戎马(军用)、齐马(仪仗用)、道马(驿用)、田马(狩猎用)、驽马(杂役用)。这说明马作为拉车和骑乘之畜开始为我国古人所普遍使用。

养马、鉴别马遂成为一门重要学问,受到了社会的高度重视,并出现了历史上有记载的第一位相马高手——伯乐。伯乐本名孙阳,郜国人。他少有大志,学习相马非常勤奋。他觉得在地面狭小的郜国难以有所作为,就离开了故土,历经诸国,最后西出潼关,到达秦国,成为春秋五霸之一——秦穆公之臣。当时秦国经济发展以畜牧业为主,多养马。特别是为了对抗北方牧人剽悍的骑士,秦人已经组建了自己的骑兵,因此对养育马匹、选择良马非常重视。

孙阳凭借其超绝的相马技术,在秦国富国强兵中立下了汗马功劳,并以其卓著成绩得到秦穆公信赖，被秦穆公封为"伯乐将军"，随后以监军少宰之职随军征战南北，在工作中尽职尽责，并以"伯乐"之名传颂天下。

到了战国时代，马的作用愈加重要。这一时期，历史上记载魏国拥有"骑五千匹"，燕国拥有"骑六千匹"，而秦国已是"车千乘，骑万匹"了。秦人凭借关西地区优越的地理条件，经过多年的不懈努力，从营畜牧业逐渐转向农业，同时又有充裕的马匹资源，才得以在军事上不断发展壮大，进而入主关中平原，最后统一中国，建立中国历史上第一个强大的封建王朝——秦。

秦王朝建立以后，在全国确立起了一整套马政机构并颁布了有关的法律政策。西汉时，为了得到马，国家专门颁布法令，要求家家养马，不许10岁以下的马出关出界。

大约在两汉之际，北方游牧民族发明了马镫。镫发明以后，使战马更容易驾驭，使人与马连为一体，使骑在马背上的人解放了双手，骑兵们可以在飞驰的战马上且骑且射，也可以在马背上左右大幅度摆动，完成左劈右砍的军事动作。

我国传统的地方马种有蒙古马、哈萨克马、河曲马和西南马等。

■ 驴、骡

一般认为野驴是家驴（至少是西方家驴）的野生祖先，在埃及和近东地区大约是在前3000—前2000年的青铜器时代被驯化为家驴的。

中国的家驴，乃是公元前数千年以前，由亚洲野驴驯化而来。亚洲野驴存在几种类型，迄今仍有少量野驴生息在亚洲内陆。但在我国内地各史前文化遗址都没有发现过驴。而据研究中国在前4000年左右的殷商时期，新疆莎车一带已开始驯养驴，并繁殖其杂种。在秦以前，驴还只分布在新疆、内蒙古等地。自秦代开始逐渐由中国西北及印度进入内地，当作稀贵家畜。约在前200年汉代以后，就有大批驴、骡由西北进入陕西、甘肃及中原内地，渐作役畜使用。中国家驴中现有部分驴，仍保留着野生驴的某些毛色、外形特征和特性。同时，也不排除古代由国外引入家驴的可能性。

中国驴的品种约在30种以上，其中优良品种如关中驴、德州驴、佳米驴、泌阳驴、广灵驴、河西驴等久负盛名。在我国，驴是农村，特别是山区、半山区、丘陵地区短途运输、驮货、耕田、磨米面的好帮手。

骡是马和驴杂交产下的后代。由公驴和母马所生又称为马骡，反过来则称为驴骡。骡作为役畜的出现，远晚于马和驴。在2500年前的春秋战国时代虽已有骡，但当时被视为珍贵动物，只供王公贵戚玩赏用。在汉代初年，骡的身价甚至可和珊瑚之类的珍品相媲美。汉代内地骡

仍不普遍。《汉书》上有一段记载说大将军卫青围困了匈奴，匈奴乘黄昏时骑骡突围而去，汉兵称之为"奇畜"。至宋代骡尚不多见。明代以后才大量繁殖作为役畜。中国山东、陕西一带产的大型骡在国际上享有盛名。1914—1916年第一次世界大战前期，我国曾向英国输出山东等地出产的大型骡供军用。

骡兼有马和驴的优点。马骡力大无比，是马和驴远远不可相及的，而驴骡则善于奔跑，也是驴所无法比拟

的，尤其是在一些交通不发达的地区。

■ 牛

牛也是重要的畜力。家牛是从原牛驯化而来的。人类开始驯化牛的时间大约是在新石器时代，最初驯化的地点在中亚，以后扩展到其他地区。经驯化后的家牛体型比原牛和野牛都小（体高在1.7米以下），性情温驯，毛色多样，乳房变大，产乳量和其他经济性能都大大提高。

中国境内原牛的化石材料也在南北许多地方发现，如大同博物馆陈列的黄牛原牛头骨，经鉴定已有7万年。安徽省博物馆保存的长约1米有余的骨心，是在淮北地区更新世晚期地层中发掘到的。此外，在东北的榆树县也发掘到原牛的化石和万年前牛的野生种遗骨。

中国水牛起源于南方。这可能是由于更新世晚期亚洲北部受冰川侵袭，使原属热带性气候的黄河流域以北广大地区变得干寒，以致古代水牛等动物被迫向南方迁移的结果。中国牦牛系由野牦牛驯化而来，至今青海省的海北、海南高寒地区和藏北高原海拔4000～5000米高山峻岭之间，仍有野生牦牛分布。

无论是普通的黄牛、水牛还是牦牛，都可以用来担负运输。在我国，用牛驾车的历史并不短于用马，最早使用牛车也在4000多年以前。牛车不如马车快捷，但也有自己的优势。尤其是马匹缺乏时，牛车有不可替代的作用。汉初缺马，"将相或乘牛车"（《史记·平准书》）。但汉人更愿意把牛用于耕地。不过，到了汉武帝后期，王侯们又开始驾乘牛车了。那是出于不得已，因为战争，国家少马。

到了魏晋南北朝就不同了，驾乘牛车竟成了富豪贵族以至皇家的一种时髦讲究。据说牛性稳重，而只要驾驭得法，其速度也相当快，所以受到欢迎。晋代皇帝出行，有五时车、五牛旗的要求。晋人如此重视牛，据说是由于"负重致远安而稳"。因此，皇帝的御辎车、御四望车、御衣车、御药车、御书车等，都由牛驾着，在御道中央行走。另有画轮车，也是驾牛而行。又有云母车，也驾牛，专门用来赐予王公；有皂轮车，驾驷牛；还有油幢车、通幔车，都用牛驾车，用以赏赐功勋贵戚。由此可见晋代牛的"身价"之高。北方贵族与皇家乘牛较为普遍，牛已成为极重要的运输动力。

■ 轿

轿是一种靠人或畜扛、载而行，供人乘坐的交通工具。有人把轿子看作是不用车轮的车。但就其结构而言，轿子实际上是安装在两根杠上的，可移动的床、坐椅、坐兜或睡椅，有篷或无篷。这种交通工具曾在东西方各国广泛流行，在我国更是历史悠久。

轿子在我国大约有四千多年的历史。据史书记载，轿子的雏形产生于公元前21世纪的夏朝初期。《尚书·益稷》中记述大禹治水时有一句话："予乘四载，随山刊木。"这是大禹自述其治水经过时讲的。司马迁在《史记·夏本纪》中对此的解释是：这"四载"分别为："水行乘舟，陆行乘车，泥行乘橇，山行乘檋。"这个"檋"就是最原始的轿子。

由此看来，轿子最初是专供人们行山路而用的交通工具。直到西汉时期，淮南王刘安在给武帝上书中仍称："入越地，舆轿而隃（逾）岭。"这也是"轿"以单字首见于史书。由于在行进时，轿子负在一前一后两个人肩上，远望过去"状如桥中空离地也"（《癸巳类稿·轿释名》），所以在上古时，轿、桥二字相通，这也是"轿"这个字的由来。

轿子在宋代以前还称之为肩舆。"舆"本义指车厢。从字面上看，所谓肩舆就是指扛在人肩膀上的车厢。但这种肩舆究竟是什么样子，文献缺乏记载，因此无从可考。但可以推断的是：为了减轻肩头的负重，这种过山用的交通工具多应用竹子编成，所以，当时又有"竹舆""编舆""筤（边）舆""笋""筥"等名称。形式可能类似于今天四川地区登山用的"滑竿"。

舆在魏晋六朝时期还有"版舆""步舆"等不同的形制。到了唐代，肩舆仍主要用于山区。据说武则天到万安玉泉寺时，就因为山径危悬，要用准备好的肩舆上下，却被王方庆谏阻了。这证明当时确是有人用过肩舆上山的。

与此同时，舆的使用也越来越广泛。《旧唐书·玄宗纪》记载了一个故事：一次，唐玄宗欢宴百官于上阳东州，醉者赐以床褥，"肩舆而归，相属于路"。然而这样的情况下，肩舆毕竟是皇上的恩赐，还不是社会通用的交通工具。

轿子还有一种起源较早的类型，叫"步辇"。"辇"本是木轮手推车，商周时期是专门用来承载兵器的。从秦汉开始，辇去掉车轮用人抬行，称为"步辇"，成为君王、后妃乘坐的一种尊贵的交通工具的专用名称。

从先秦到两晋，统治阶级主要是乘车外出。虽说轿子还未流行，但是抬轿而行，要远比乘车平稳、舒适，皇室贵族还是越来越喜欢用这一类人力工具了。于是，轿子又从专为走山路所用扩大为他们在平原或宫苑内的代步工具。贵族们的享乐方式不断变化，导致轿子的形制变化较大，新的名称也层出不穷。

作为一种交通工具，轿子在宋朝得到较大普及。在著名的《清明上河图》中，繁华的北宋京城汴梁大街上有许多轿子出游。这些轿子虽然同汉唐时期的轿子大同小异，仍两人抬杠，但选材精良，以硬木为主，上雕花纹飞龙，造型美观。样子和近代见到的大致相同。南宋时，轿子的使用进一步推广。《宋史·舆服志》中说："中兴东征西伐，以道路阻险，诏许百官乘轿。"到明朝中后期，连中小地主也"人人皆小肩舆，无一骑马者"（明顾起元《客座赘语》）。明清时期，轿子发展为四人抬或八人抬。王公贵族之所以越来越宠爱轿子，是因为坐在这种特殊的交通工具上，无车马劳顿之苦，安稳舒适。清朝文人王渔洋有诗道："行到前门门未启，轿中安坐吃槟榔。"至此，轿子已成为一种比较普遍的重要代步工具。

■ 骆驼

骆驼有两种，一种是双峰驼，分布在亚洲中部的荒漠地带，现在我国的新疆和内蒙古西部还栖息着野生种；另一种是单峰驼，分布在亚洲的西南部和非洲北部荒漠地区。

一般认为，骆驼是公元前1400年左右开始驯化的。被驯养的单峰骆驼在北非被广泛使用，而直到后来，罗马帝国仍然使用骆驼队带着战士到沙漠边缘巡逻。在我国，双峰驼很可能是西部荒漠地区的劳动人民于公元前1000年左右驯化的。

骆驼的役用性能是其主要的生产性能之一。它可用作骑乘、驮运、拉车、犁地等。在我国，用骆驼作为车辆的动力，在西北地区比较多见。

骆驼是荒漠半荒漠地区，尤其是沙漠地区的主要的骑乘工具。它虽不善于奔跑，但其腿长，步幅大而轻快，持久力强，加之其蹄部的特殊结构，因此，适合作为沙漠中的重要交通工具。在短距离骑乘时，双峰驼的速度可达10~15千米/小时，长距离骑乘时，每天可行程30~35千米。

在沙漠、戈壁、山地及积雪很深的草地上运送物资时，其他交通工具往往难以发挥作用，而骆驼则是这些地区最为重要的驮畜，发挥着其他家畜及交通工具难以替代的作用。一般说来，双峰驼的驮重约为体重的 33.8% ~ 43.1%，即 100 ~ 200 千克，短途运输时，可驮重 250 ~ 300 千克，行程每天可达 30 ~ 35 千米。单峰驼一般比骑乘用驼体格粗重，速度约为 2 ~ 3 千米 / 小时，负重为 165 ~ 220 千克。

骆驼还可用于耕地、拉车、抽水等。

■ 马车

中国是最早使用车的国家之一。特别是马车，曾在社会生活中占据过举足轻重的地位。无论是劳动生产还是战争，或者是政治活动，马车都是不可或缺的重要工具与装备。在一定历史时期，马车数量的多寡与质量的优劣还成为衡量某一时期的社会发达与落后、国势强盛与衰弱的重要标准。

马车具有快速、灵活的特点，因此在畜力车中占有重要地位。虽然汉朝以后，马车主要不是作为战车使用，但作为载客运货的运输车辆，却一直得到普遍使用，并延续至今。现在我国广大的北方农村，马车仍然是重要的运输力量。

相传我国大约在 4600 年前黄帝时代已经创造了车。据说黄帝看到天上旋转的蓬草，于是就想到发明车以节省人力。传说中早期的车以圆形木板为行走部件，称为"辁"。到了大约 4000 年前的夏朝，当时的薛部落以造车闻名于世。薛部落的奚仲还担任过"车正"官职。相传夏朝奚仲对车辆做了重大改进，从此出现了有辐条的轮。

河南偃师发现的二里头文化遗址是典型的夏文化遗存，其上限恰当夏代建国之初，距今 4000 多年。这里出土了大批青铜器，其中大量的刀、锥、凿、铲等生产生活用具，说明当时青铜冶炼已有较高水平。虽然在夏代文化遗址中还没有发现车的痕迹，但这些青铜工具正是制造车轮和车辆的必要前提。

从已经发现的西周车的构造看来，基本上承袭了商制，但在结构上有所改进，车马的配件上更为完备，增加了新的零部件，许多关键部位使用了青铜构件。周代的畜力车，总体上分为"小车""大车"两大类。驾马、车厢小的为"小车"，也叫轻车或戎车。驾牛、车厢大的就是"大车"。小车除贵族出行乘坐外，主要用于战争。西周时期的车，形制更加精巧，种类更为增多。制造一辆车，要有木工、金工、漆工和皮革工等多种工匠的合作，构成了一种综合性手工业。西周时期的大小奴隶主贵族，为了表明自己的身份，往往随葬其真车真马。早在夏商两代，车就已经成了战争的主要工具。西周时期，战车的地位变得更加重要。春秋战国时代，由于车战的发达，战车的多少成为一个国家强弱的标志，有所谓"千乘之国""万乘之国"的说法。

按照文献记载，商代有三匹马拉的车；周人增加了一匹，成为四马拉的车。考古发掘中，在河南浚县辛村周墓出土了12辆马车，马骨竟为72架，说明这些车都是六匹马拉的。但仍然以四马驾车最为普遍，这样的四马一车合称为"一乘"。车驾二马的叫"骈"；驾三马的称"骖"；驾四马的名"驷"，如今我们还经常说的"一言既出，驷马难追"中的"驷马"就是从这里来的。如果是兵车，"一乘"还同时包括车上的甲士3人和跟车作战的步卒72人。因此"一乘"也是一个基本的作战单位，"乘"的多少也就成为衡量国家军事力量的重要标准。

一般情况下这四匹马并不是站在一条线上，外边的两匹要稍后一些，所以称为"雁行"，即像天上的大雁的"人"字队形那样。而且这四匹马的分工是不一样的，因为分工不一样所以名字也不一样。其中驾辕的二马叫服马，两旁拉车的马叫骖马。如果是驾六匹马，最外侧的两匹马叫"骈"。骖马和骈马都用皮带直接系在车轴上。而左边的骖马还有两种特殊的用途：一是用来祭祀道路；二是在送别时用来做礼物，赠给将要远行的人。驾六马为"六骈"。通常用马的性别和毛色来区分级别的高低，纯用雄马要比纯用雌马档次高得多。若毛色一样，那么档次就更高了。

驾车用的马具有鞟（xiǎn），即马腹带；靷（yǐn），即拴马引车的皮带，相当于今天马车上的"长套"；鞅，是套在马颈上的皮带；鞦，是套在马臀部的皮带；靳，是当胸的皮带；勒，是整套的笼头；衔，是马口中所含的"嚼口"；辔，即缰绳。

此外，古代车马还常常有许多装饰性的金属附件，如装在衡和轭上的响铃，叫作"銮"。在西周时期，最高级的马车上要装八个銮，走起来声音很好听。古车上的许多部件制作精美，如有的铜车軎，甚至用金银丝镶嵌成美丽的纹饰，异常华丽。

驾车，特别是驾驭马车，也是当时一门重要的学问。在春秋时期，孔子的教学体系中就有"御"这一科。车行进时，驾驶马车的车工把马缰绳汇总握在手中。这样才能用力均匀，两骖跑起来才能"如舞"，极为协调。赶马的鞭子也有两类，竹条制成的鞭子叫策，皮条制成的叫鞭。今天我们常说"鞭策"一词，就是由抽打马的意义引申而来的。在我国古代，人们十分重视驾驭术的提高，古书中也有不少关于驾车高手的记载。《左传》记述战争情况时，总要交代双方主将的驭手。古代封建统治者甚至还因此悟出许多对人民的统治术。

第二节 古代水路出行工具

■ 筏

人类的祖先经过多次实践，又将两三根或更多的树干用藤或绳捆绑起来，就成了人类早期的一种渡水工具——筏。

史料上使用筏的记载很多。例如，我国战国时期，越王勾践令2800多人伐松柏做筏，自会稽（今浙江绍兴）沿海北上，迁都琅琊（今山东诸城），这是一次大规模使用木筏的海上运输活动；《诗经》中说："谁为河广，一苇杭之。"意思是说，谁说黄河宽啊，一个苇筏就可以渡过去。

古代埃及人利用尼罗河流域盛产的一种叫纸莎草的植物，先将其捆成一个个小的草束，再将若干草束绑扎在一起制成筏。时至今日还能见到这种筏的身影，南美迪迪喀喀湖畔的居民还在使用这种筏，它是把芦苇捆扎成草束，五个草束再捆扎在一起而成。

我国南方盛产竹子的地方，自古以来人们就一直使用竹子编成的竹筏渡水。

古代还有一种皮筏，它是将牛羊皮晒干、浸油、缝合成袋，然后充气或充填羊毛，将若干个这样的袋固定于木制骨架之下而成。少者6～12只，多者达500个编成。

有了筏，人们再也用不着半身浸在水中抱着树干、芦苇和葫芦等渡水了，可以利用各种编制的筏去渡水、捕鱼、水上运送物资，以及躲避洪水猛兽袭扰等。

筏，具有取材容易，制造简单，稳性好，装载面积大，能穿过急流浅滩等优点。所以，就是在水上交通运输工具高度发达的今天，筏仍有它独特的用处，随处可见。

秦汉以后，由于筏的诸多优点，因而被广泛应用于军事上。《史记·淮阴侯列传》记载，楚汉相争之际，汉将韩信领兵从陕西向山西进军。魏王豹叛汉与楚约和，率兵驻扎在临晋，切断汉军退路，封锁河关。韩信故意多设疑兵，陈列船只佯装要渡河关，而伏兵却从夏阳用陶筏（木框架中安装陶瓮）偷偷渡河，袭击魏都安邑。魏王豹大惊，引兵迎击韩信，韩信大胜，虏魏王豹，平定了魏国，改魏为河东郡。

即使是在工业飞速发展的大上海，木筏也曾一展雄姿。在建设上海石油化工基地金山工程时，为了搬运一些长达60米、直径达6米、重达200吨的大型设备，扎排工人根据经验，设计出了一种杉木制的巨型箱形木筏，成功地把这些设备通过黄浦江运到了金山工地。

■ 独木舟

筏有不少缺点，最大的缺点是不能逆水而上，故而有"下水人乘筏，上水筏乘人"之谚。基于此，富有追求的人类祖先，又开始不满足于筏的优点，开始了新的探索。这种探索仍然离不开日积月累的对自然现象的细密观察。人类祖先在不断探索中，发现河水中漂浮的因天然腐朽形成凹槽的树段，浮力大于完整的树段，人甚至可以坐在凹槽里自由活动。这一意外发现激发了人类智慧的火花，便将这偶然的发现变成有意的实践，经过大量的实践，人类终于试制出了原始的独木舟——舟船的最初形态。

关于独木舟的创造,古代文献中有不少相关传说。《易经·系辞》曰:"伏羲氏刳木为舟,剡木为楫,舟楫之利,以济不通。"伏羲氏凿空木头以成舟船,剡削木材以成桨楫,使得江河的交通得以顺畅。《世本·作篇》曰:"共鼓、货狄作舟。"宋衷注曰:"二人皆黄帝臣也。"把独木舟的创造,归功于黄帝的两个臣子共鼓和货狄。束皙《发蒙记》曰"伯益作舟",认为独木舟的制作者为伯益。《吕氏春秋·勿穷览》曰"虞姁作舟",说创造独木舟的人是虞姁。《山海经·海内经》曰"番禺始作舟",认为独木舟是番禺制作的。《汉书》曰:"黄帝作舟以济不通,旁行天下。"班固则认为是黄帝创造了独木舟。此外,还有《蜀记》中记载的大禹治水造舟的传说等。这些创造虽然各执一词,但它们却反映了一个重要的事实:即上古时代的独木舟,不是具体个人的独创,而是群体智慧的结晶,是上古先民群体的伟大创举。

独木舟的创造是人类历史上的一次伟大创举,它促进了人类文明的巨大进步。独木舟的制作是一个艰苦而复杂的过程,也是原始人类施展智慧的过程,而且它也依赖于当时的具体生产条件。一方面它需要比较锋利的磨制石器,如石刀、石斧、石锛等;另一方面为提高效率,在刀削斧砍的前提下,还须使用火作为辅助手段。恩格斯说:"火和石斧通常已经使人能够制造独木舟。"独木舟的制造,是石制刀具与火焚并用的结果。

如何用石器和火来制作独木舟,从我国民族史资料可得知一些信息。相传云南纳西族人祖辈都在制造独木舟时使用火。他们找来粗细适当的一段树干,把其一面砍削平整,并在平面上画出应挖去部分的轮廓,把它分成若干段。开挖时,一段段开始砍削,但并非全部用刀、斧砍削,而是在砍削之后用木屑点火燃烧,然后再砍削,如此反复,待到挖至合适的时候，再把分隔的各段打通。这样的石器和火并用的方法，极大地提高了制造独木舟的效率。因为只用石器加工劳动量很大，而在燃烧木屑以后，周围焦化的木质容易加工，也减少了再次砍削的劳动量。

独木舟在我国南北方都有广泛的应用。生活在我国黑龙江流域的鄂伦春、鄂温克、达斡尔、赫哲等少数民族，很早就会制作独木舟。自汉代起"挹娄人便乘船"；至辽代，"其俗刳木为船，长可八尺，行如梭"。而独木舟使用最广泛的还是南方江河地区。宋代《溪蛮丛笑》记载："贵州、云南一带，蛮地多楠，有极大者，刳木为舟。"说明贵州、云南一带，多用楠木制作独木舟。晋代裴渊在《广州纪》记载，广州当地居民以制独木舟为业，就在树林边居住。周去非《岭外代答》记载："广西江行小舟，皆刳全木为之，有面阔六七尺者……钦州竞渡兽舟，亦刳全木为之。"表明南宋时期广西临江地区还有以整木制舟的习俗。台湾日月潭一带的高山族，至今仍有用樟木制作独木舟的习俗流传。

■ 明轮船

"轮船"一词始于我国唐代，它的出现与船的动力改革有关。我国唐代曹王李皋，受到船桨和抗旱用的水车的启示，制造出了主要用于内河短途运输的明轮船，它同人工划桨的木船和风力推动的帆船有着显著区别。明轮船又被人们习惯地叫作桨轮船、车船和轮船。

所谓明轮，是一种船用推进器，它装在船的两侧，形状好似车轮，下半部浸在水中，上半部露出水面，在轮轴上装有若干桨板，靠人力踩动桨板，使轮轴上的桨叶拨水向后推动船体前进。这种船把桨楫的间歇推进改为桨轮的连续运转，从而大大提高了船只的航行速度。

据《唐书》记载，早在626—649年，曹王李皋就已经有了一支明轮船队，"为战舰，挟二轮踏之，翔风破浪，疾若挂帆席"。有的史书上说，南北朝时期的大数学家祖冲之造的千里船日行百里，可能就是一种明轮船。

明轮船是一种原始形态的轮船，它的出现是船舶推进技术上的一次重大进步。古代船舶大都是帆船，遇到顶风、逆水的情况，行驶起来就很艰难，而明轮船在一定程度上克服了这些困难。

明轮船在宋代有了较大的发展。洞庭湖起义军领袖杨么的部下高宣是当时杰出的造船专家，他曾经制造出许多明轮船，称为杨么车船。杨么车船的左右两侧都装有能转动的桨轮，船尾也装有桨轮。桨轮的数目2～8个不等，最多的有24个，每个桨轮上装有8个叶片。桨轮与转轴相连，船上水手齐力踩踏桨轮，轮轴上的叶片好像许多把划桨，接连不断地划水，使船前进。要使船后退，只要向相反方向踩踏就可以了。为了保护桨轮不受损伤，桨轮外面设有保护板。高宣还把转轴装在船舱底部，水手在舱里踩踏，不易被敌人兵器所伤害。高宣制造的一艘最大的车船，长36丈，阔4丈有余，上起层楼，可乘载千人，吃水在一丈左右。这种大型明轮船再装备上弹射器投掷火药弹，无疑是一种威力巨大的新型战船。

13世纪时，明轮船已成为南宋水军舰队的重要组成部分。在当时的海战中，宋军一次往往出动数百艘乃至上千艘明轮船。在长达一个世纪之久的宋金战争中，它发挥了巨大的威慑作用。金兵在1130年被打回长江北岸，就再也未能过江，只要长江上出现满载射手、炮手的明轮船，金军就一筹莫展。

此后，我国对明轮船不断改进，使之日益完善。后来，明轮船的制造技术流传到了国外，欧洲在1543年时也制造出了明轮船。

■ 帆船

汉代，人们已具有较丰富的航海知识。这是汉代航海事业发达的主要因素之一。

古代航海巨舶无风不动，风对帆船的活动起着关键性的作用。行船之人对风之顺逆、大小十分注意，久之必然积累起一套观察和预测风向与风力的经验。到汉代已有多种观测风向的仪器，在《三辅黄图》中，有两处提到测风仪，一处在长安的"灵台，高十五仞，上有相风铜鸟，遇风乃动"。铜表上刻有"太初四年（前101年）造"字样。另一处在"建章宫南有玉堂……铸铜凤高五尺，饰黄金，栖屋上，下有转枢，向风若翔"。铜凤"下有转枢"，可与下一层机件设备相连，指示由风力所起的转动速度，因此铜凤很可能是最早的风速仪。除这些测风设备以外，当时还一些部件不大，结构较为简单的测风标，由于航海需要，极容易被移植到船上使用。最简单的一种叫作"倪"，这种测风仪最早见于殷代，是在杆顶系一条绸布带子制成的示风标。《淮南子·齐俗训》上说："倪之见风，无须臾之间定矣。"可见西汉时仍沿用它测风，后世船桅顶端的示风"鲤鱼旗"，便是把"倪"加以装饰美化而成的。

据《礼记》的记载，春秋时既能把一年四季中的风作出十二分法，到汉代掌握海上季节风的变化规律自然已无困难了。汉代崔寔所著《农家谚》上还有"舶风云

起"之说，可见早在汉代，由于航海事业的发展，便把夏季梅雨后的东南季风叫作"舶䑻风"了。宋人苏轼的"舶䑻风"诗文和序中，对"舶䑻风"作了明白的注释。诗文说："三时已断黄梅雨，万里初来舶䑻风。"诗序说："吴中梅雨既过，飒然清风弥旬。岁岁如此，湖（海）人谓之舶䑻风。是时，海舶初回，云此风自海上与舶俱至云尔。""舶䑻风"这一专名的出现，说明汉代的航海气象知识，已达到掌握和利用季节信风的水平。

风帆的结构和驶风技术，最迟在东汉末年已经完备了。帆在材质上，总括起来可以分作两大类。一类是用丝织物或布作的布帆；一类是用竹篾或植物纤维做的蓆帆。从结构上说，一类叫作软帆；一类叫作硬帆。象布帆、蒲草帆，因没有横向帆竹支撑，便属于软帆，只可在正顺风时用人字桅悬挂，不能斜移，也不能转动；硬帆，是用与帆横面等长的若干根竹竿，等距横向的支撑在帆的一面，或是交错穿插在帆的两面上。所加的这种竹竿即叫作帆竹，它将帆面支撑得比较平整，可以更有效地利用风力。硬帆挂在单独的桅杆上，并且可以绕杆转动，形成独特的中国式平衡纵帆。

关于东汉以来，中国海船利用硬质平衡纵帆驶风的技术，见于东吴人万震所著的《南州异物志》上："其四帆，不正前向，皆使斜移，相聚以取风吹，风后者激而相射，亦并得风力，若急，则随宜增减之。斜张相取风气，而无高危之虑。故行不避迅风激波，所以能疾。"

《南州异物志》对风帆驶风技术的叙述分作两个部分，第一部分是说明帆面悬挂位置在驶风中的作用；第二部分是说明帆面悬挂的样式与受风的关系。原文中先说到海船上"其四帆，不正前向，皆使斜移，相聚以取风吹"一句。清楚地说明了汉代海船在驶风航行时，随风向的顺逆不同，相应的布置帆位的情况，与现代木帆船航海驶风时的帆位布局，几乎完全一致。俗称"船驶八面风"，这是对帆船利用各种风向驶风航行技术的概括。

■ 龙舟

　　古代人认为龙是极为神圣的庞然大物，如能乘龙过海上九天就成神仙了。要过海，就得乘龙舟，我国封建帝王都自命为真龙天子，他们要借助龙威来加强自己对老百姓的控制和统治。他们在地上有巍峨华丽的宫殿，他们在水上就要住凤阁龙舟了。隋炀帝在开通大运河之后，几次下江南所乘的龙舟，体势非常高大，计有四层，高4.5丈，长20丈，上层有正殿、内殿、东西朝堂，中间两层有120个房间。

　　这些船都"饰以丹粉，装以金碧珠翠，雕镂奇丽"（杜宝《大业杂记》）。下层是内侍居住之所。皇后乘坐的龙舟叫"翔螭"，比皇帝的龙舟稍小一些，装饰也极尽奢华。船队中有高三层，称为"浮景"的水殿九艘，还有称为漾彩、朱鸟、苍螭、白虎、玄武、飞羽、青凫、凌波、五楼、道场、玄坛、黄篾等各种名号的大船数千艘。奴侍、诸王、公主、百官、僧尼、道士、蕃客按品位分别乘坐。另有一部分船载帝后以下所有乘船人使用的物品。共用挽船士8万余人。其中挽炀帝龙舟的要几百人，挽"漾彩"级以上船的有9000人。这9000人被称为"殿脚"，都穿着锦绣衣服。十二卫士兵又乘船数千艘，都是自挽而行。

　　大业九年（613年）杨素之子礼部尚书杨玄感起兵黎阳（今河南浚县境）反隋，进围东都时，大龙舟等都被烧毁。大业十一年（615年）炀帝令江都宫监王世充再造龙舟等数千艘，规格要超过旧船。只用一年，大业十二年（616年）七月，龙舟就已造成并送至东都洛阳。可知隋代造船能力之强，技术之高。

　　大龙舟高数层，船体要用很多大木料。木料的长度有限，这就要求把许多较小较短的木料连结起来。同时，船体的骨架与板之间，船体与上层建筑物之间的连结技术要求很高，连结不好就不坚固，所以在龙舟的结构强度中，连结是极重要的。隋代大龙舟的连结方法是采用榫接结合铁钉钉连。用铁钉比用木钉、竹钉连结要坚固牢靠多了。隋代已广泛采用了这种先进的方法。

■ 海舶

宋代所造一般的海舶叫"客舟"，"长十余丈，深三丈，阔二丈五尺，可载二千斛粟"，"每舟篙师水手可六十人"。内部有独特的水密舱构造。客舟分三个舱：前一舱底作为炉灶与安放水柜之用。中舱分为四室。后舱高一丈余，客舟四壁有窗户。"上施栏楯，采绘华焕而用帘幕增饰，使者官属各以阶序分居之。上有竹篷，平日积叠，遇雨则铺盖周密。"

宋朝为出使朝鲜建造了"神舟"，比"客舟"更大得多。宋神宗元丰元年（1078年）派使臣安焘、陈睦往聘高丽，曾命人在明州建两艘大海舶，第一艘赐名"凌虚致远安济神舟"，第二艘赐名"灵飞顺济神舟"，自浙江定海出洋到达高丽。高丽人民从没见过这样的神舟，"欢呼出迎"。宋徽宗宣和五年（1123年）再次派使臣去高丽，又在明州建造两艘巨型海舶，据史载，它们"巍如山岳，浮动波上，锦帆鹢首，屈服蛟螭"。到达高丽后，高丽人民"倾城耸观""欢呼赞叹"。"神舟"大者可达五千料（一料等于一石）、五六百人的运载量，中等一千料至二千料，也可载二三百人。

还有记载说，宋朝有的大海船载重数万石，仅舵就长达三五丈。

■ 宝船

明朝的造船技术和工艺又有了很大的进步，登上了我国古代造船史的顶峰。明朝造船业的伟大成就，久为世界各国所称道，也是我国各族人民对世界文明的巨大贡献。

正是有了这样雄厚的造船业基础，才会有明朝的郑和七次下西洋。这一世界航海史上的壮举标志着中国古代造船业的顶峰。

郑和下西洋乘坐的宝船主要在江苏太仓和南京两地建造，福州也建一部分。除了洪武初年建造的龙江船厂，稍后还建有宝船厂（位于今江苏南京下关三叉河）。郑和下西洋就是以江苏太仓和南京为母港，由太仓、崇明出发航至福建福州闽江口五虎门扬帆出洋的。

郑和船队的宝船属于沙船类型。大者长达44丈，宽18丈。明朝用的尺比我们今天的市尺短些，但即使按一丈合二米半计算的话，这种宝船的长度也超过100米，有九桅12帆，16橹至20橹，舵重4810公斤。

宝船比一般船只大几倍，造价之高"须支动天下一十三省的钱粮来，方才够用"。造船木料要在南京等地设园植树，并在全国征敛。造桅木要预先一二年限令闽广各省寻木材待用。桅木之大，长要达到十丈一尺六寸，根部周围要达到一丈一尺，木至九丈长处，周围还有二尺九寸粗。每得一木，政府要派专人去复勘，看是否合用。宝船的建筑气魄宏伟，其上建有"头门、仪门、丹墀、滴水、官厅、穿堂、后堂、库司、侧屋，另有书房、公廨之类，都是雕梁画栋，象鼻挑檐"，俨然与帅府一般。有目击者形容宝船"体势巍然，巨无与敌，篷帆锚舵，非二三百人莫能举动"。

郑和下西洋的宝船模型除了宝船以外，郑和船队中即使是中等船，也有37丈长，15丈宽。还有的说，船上风帆有12张之多。当时先进的航海和造船技术包括水密隔舱、罗盘、计程法、测探器、牵星板以及线路的记载和海图的绘制等，应有尽有。郑和的第一次远航船队，

▲ 古代航海画

据说就有 62 艘这样的船。

每次出洋除宝船外还有船舰 200 余艘或数百艘不等。如马船（是中型宝船，携带马匹、物品）、战座船（坐船，是大型战舰），粮船（运粮及后勤物品）、战船（护航舰）等主体船舶。船队中还有辅助船，如水船（汲淡水）、捕鱼船等。在建造规模上，马船 8 桅，粮船 7 桅，坐船 6 桅，战船 5 桅。

明代不但有可以远洋航行进行海外友好贸易往来的沙船型"宝船"，而且像福船、广船到明代也发展成为著名的战船，在戚继光抗倭和以后郑成功收复台湾的战斗中都大显神威。

 知识链接

唐宋铁锚与平衡舵的出现

在古代船只系泊要靠石碇或木石结构的碇。据文献记载，到宋代才出现了铁锚。在中国古籍中常把"锚"写作"猫"，中国式铁锚有四爪，这种带四爪的泊船工具形状不同于碇，四爪锚是中国独创的一种系泊工具，它有投入水中两爪抓地的优点，而逐渐被国内外普遍采用。

1978 年，天津静海县元蒙口出土了一艘宋船，从船上遗存的唐宋铜钱来看，这艘船的下限年代当在公元 1100 年以前，在这艘船上同时出土了一只平衡舵。证明在 12 世纪初，我国已发明了平衡舵。

第九章
古代旅游文学与经典作品

近些年，由于我国旅游事业的蓬勃发展，古代旅游文学与经典作品受到人们的特别关注，研究者纷起。古代旅游作品不但是古人留给我们的珍贵文学遗产，发掘它、研究它，可以作为发展繁荣我们今天的旅游文学的借鉴，而且，它又是旅游资源之一，对它加以开发和研究，可直接为今天发展旅游事业服务。

第一节　古代游记文

■ 古代游记文发展简述

　　古代游记文产生的历史,可以追溯到很早。《论语·先进第十一》中,曾点谈及自己的志向时,说了这样几句话:"暮春者,春服既成,冠者五六人,童子六七人,浴乎沂,风乎舞雩,咏而归。"这实际就是对一次春游活动的简括的描绘。《山海经》中也有一些对山水风物的概要记述,如《西山经》中说:"又西六十里,曰太华之山,削成而四方,其高五千仞,其广十里,鸟兽莫居。有蛇焉,六足四翼,见则天下大旱。"庄子在阐述自己的道理时,也常涉及自然景物。如《逍遥游》中描写大鹏南飞的壮丽景象。"背若泰山,翼若垂天之云;抟扶摇羊角而上者九万里,绝云气,负青天,然后图南,且适南冥也。"从中可以看到古代游记文的端倪。到了西汉,赋体兴起,其中一些作品有相当多的篇幅描写山川景物、京都宫观和皇家苑囿,气势相当雄伟。这些都无疑给后代记山水、记亭台楼阁的作品提供了有益的借鉴。但是,在此之前却还没有整篇的游记文,有关内容只是作为片段出现而附属于其他文章。

　　到了东汉,情况起了变化。光武帝刘秀曾上泰山封禅,马第伯因此写了一篇《封禅仪记》记述这一盛事,文中除了对封禅仪式的叙述外,还按照行踪,描写了泰山的险峻、登山的艰难和途中所见景色的壮丽。这可以看作是最早的游记文。在这里,游览活动及所见所闻已独立成章,而摆脱了附属的地位。此后从东晋到南北朝,这类文章逐渐增多,出现了一些优秀的篇章。如被郦道元《水经注》引用而保留下来的袁崧《宜都记》的许多片段,生动地描述了从四川沿江而下到宜昌五千余里的山川形势。慧远的《庐山诸道人游石门诗序》刻画了庐山石门山水的雄奇秀丽。鲍照的《登大雷岸与妹书》,以雄厚的笔力,描写了沿途所见的各种风光景物,借以抒发心中的壮志和感慨。又如陶宏景的《答谢中书书》、吴均的《与宋元思书》,也都对山川作了绝好的描绘。至于郦道元的《水经注》,虽然主要是一部地理学专著,其中却有不少写山写水的精彩片段。总之,它们都以自然景物为自己的主要描写对象,有的还写得相当出色,其作者也堪称描写山水的大家。但是,这个时期的这些作品,作为游记文,还是孤立的、单个的,尚未形成一种独立的文学门类。所以严格地讲,游记文这一概念,在这个时期还没有完全确定,这些作品确切地说还只是游记文的雏形。另外,这个时期的游记文,还没有完全把山水风光当作欣赏的对象来描写,有时则还只是借助山水风光来抒发作者自己的人生感慨和生活体验。所以出现在文中的山水,常给人一种陪衬的感觉,而没有上升到主体的地位。

这种情况差不多持续到唐代,直到柳宗元,才有了根本性的改变。柳宗元是第一个大量和精心写作游记文的作家。他的《永州八记》,不但是公认的游记文的精品,而且由此奠定并确立了游记文的独立地位。柳宗元当然也从前人那里汲取了丰富的营养,借鉴了成功的经验,但他更多融入了自己的创造,使游记文这一形式在他手里完善并成熟。当我们谈及游记文的历史时,尽管可以追溯到很早,但正式的第一页是由柳宗元揭开的，游记文的概念也在他这里正式形成。从此，游记文作为一种独立的文学门类而立于文学之林，并逐渐发展成长起来。

柳宗元的山水游记文，当然也不是纯客观地描绘自然，而是渗透着自己痛苦的感受和抑郁的情怀。但无论怎么说，对山水的描绘已成为文章的主体，他个人的感情则降到附属的地位。所以，我们阅读他的游记文，已不是感受他的失意和苦痛，而是欣赏他笔下山水的美好了。柳宗元当初写《永州八记》，拿山水来寄托他的失意，借以得到精神安慰，其内心是抑郁的；可我们今天读《永州八记》，却惊喜于山水的秀丽，内心充满了愉悦。而这也正是游记文之为游记文的价值。

在唐代像柳宗元这样写游记文的人并不多。到了宋代，游记文便繁荣起来、硕果累累。一些著名的诗人和散文大家，都同时写作游记文，如欧阳修、王安石、苏轼、苏辙、陆游、范成大等，由此亦可见游记文在人们心目中的地位，连大方之家也乐于为之。这个时期的游记文，虽然也有借山水抒泄心中抑郁而寄托清高超脱情怀的，如苏轼的《前赤壁赋》（可看作文赋体游记）；也有其实是说理性的杂文的，如王安石的《游褒禅山记》和苏轼的《石钟山记》，但这些作品又都不脱离山水形象，一般还是以描绘山水为自己的主要任务。但更多的则是客观地记述山水之胜，并融进了自己的欣赏之情。这种情不是借山水之题而发，乃是触山水之景而生，情生于景，触景生情。与那种借题发挥的游记文相比，这类游记文无疑又进了一步。

我们不妨以陆游的作品为例。宋孝宗乾道六年（1170年），陆游入蜀任夔州通判，从家乡山阴到任所，历时四个多月。他曾写诗说："道路半年行不到，江山万里看无穷。"他把自己沿途的见闻观感用日记的形式逐日记录下来，成《入蜀记》一书。书中有许多精彩的章节，其描写之生动，山水形象之鲜明奇美，引人入胜，不让柳氏之《永州八记》。这部书的意义主要不在于开创了所谓日记体游记这一形式，而在于它已完全摆脱了以往的借景抒情的套路，而把山水作为自己欣赏、赞美的对象，并全力把自己看到的、听到的、感受到的山水之美用准确、鲜明、生动的文字表现出来。读这样的游记文，我们不只惊叹于作者的惟妙惟肖的描写，更神往于作者所游览过的地方，渴望亲自一游。许多出现在著名游记文中的山水后来都成为游览胜地，原因即在于此。"人以文传，文以人名"，一些山水名胜之出名，固然因其秀丽壮美，但同时也常常得力于一些名家的游记名篇的介绍。

陆游而后，范成大也以日记的形式逐日记叙了自己从成都沿江东下的所见所闻，成《吴船录》一书。其中亦有不少精彩的篇章，例如登临峨眉一节，生动再现了"大峨峰顶，天下绝观"的胜境，其中对"小现""大现"即所谓"佛光"的描绘，历历在目，且蒙上了一层神秘色彩，令人惊叹神往。

此后，写游记文的作者越来越多（这也反映了旅游风气的兴盛），涌现了许多游记文名篇。这些游记文无论内容还是形式都更加接近和符合今日所称"游记文"的含义，巩固了游记文在文学领域中的地位。

到了明代，游记文出现了空前繁荣的局面。一时间，群星灿烂、百花争艳，令人目不暇接。在这群星与百花中，当然要首推徐宏祖的游记。徐宏祖不但是著名的旅行家，而且是杰出的探险家。30多年间，他东渡普陀，北历燕冀，南涉闽粤，西北直攀太华之巅，西南远达云贵边陲，足迹遍布现在的19个省市自治区，对祖国的名山大川进行了实地考察，写成了不朽的巨著《徐霞客游记》。这部书既是一部地理学专著，又是一部文学性极强的游记名著。它不仅详尽、具体、生动地记述了作者所看到的山水的千姿百态，而且记述了作者在考察它们的过程中往往十分惊险的经历，把两者恰到好处地结合起来。它标志着游记文作为一种独特的文体，至此已完全成熟了。读者从《徐霞客游记》中，既可领略到各种各样的大好风光，又可看到作者旅行中的活动姿态，他已成了文章中不可缺少的形象，而与山水形象同为文章的主体，这应当说是徐宏祖的一个创造。

除徐宏祖以外，这个时期的著名游记作者还有袁宗道、袁宏道、袁中道、王思任、刘侗、张岱等。他们都以各具特色的游记为整个游记文学增辉添彩。值得注意的是，他们的游记文更具旅游化的倾向，大都是他们出于旅游目的而游览某地后的记录。例如袁氏三兄弟的游记，都是他们游山玩水的产物。这与陆游赴任途中记叙所闻所见的《入蜀记》不同，也与徐宏祖主要出于考察目的而写的游记不同，更有闲情逸致和欣赏山水的快乐。另外，他们的游记文已经不限于描写山水等自然景观，人文景观也成了他们介绍和描写的对象。例如张岱的《陶庵梦忆》和《西湖梦寻》，其中就有许多风土人情、传闻逸事的记载，这大大开拓了游记文的题材，使它走向了更加广阔的社会生活。应当说，这是游记文的又一发展。

游记文在清代继续得到了发展，形式也更加丰富多彩，又涌现了一大批卓有成就的作者。其中堪称代表的有袁枚、姚鼐等人。袁枚自称"余以一匹夫，发种种矣，游遍东南山川"（《游武夷山记》），他几乎每游必有记，他的游记文写得熟练、自如、活泼，信笔拈来，妙趣横生，还间或发一些感慨，引起读者的深思和联想。读者从他的游记中，不但可领略山水景物的美好，还可受到思想的启迪。姚鼐也极喜游山水，凡有机会，则不肯放过。他善写"静"的风光，更善画"动"的景致。如《登泰山记》中描画日出的一段，寥寥几笔，声势情态色彩俱备，把泰山日出的奇妙美景再现出来，以至比自己亲眼看到的还生动。这样的描写就就更具有美的欣赏价值。

这里再提一下龚自珍,他写过一篇《己亥六月重过扬州记》,记述了自己重过扬州时的所见所遇所感。与众不同的是,该文以记述当时的人情世态和社会风气为重点,而旁及其他,揭露了当时封建士大夫的庸俗堕落,对现实作了强烈而深刻的针砭。与一般山水游记文相比,它明显地呈现出另一种风貌。这类游记文当时还不多见,但它开辟的方向却不容忽视。随着社会的发展,这类游记文越来越多。当代许多国际见闻之类的游记文,大都属于此类。它们的重点往往不在介绍、描写异国的山水,而在介绍、描写异国的人情世态和社会情况,具有较高的认识价值。从这些我们再回头去看龚自珍的《己亥六月重过扬州记》,就可体会到它的开创性意义了。

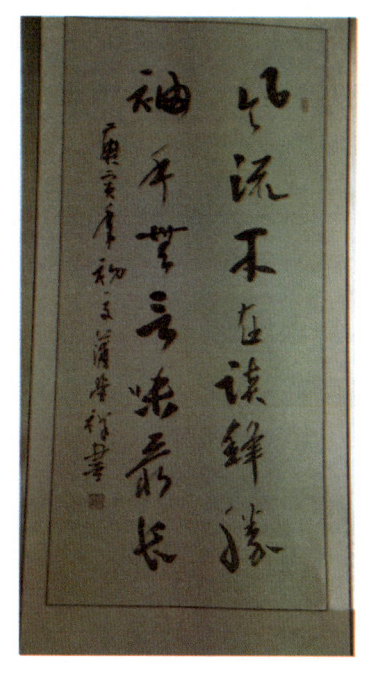

■ 古代游记文的写作特征

游记文的写法,从不同的角度分,可以分出若干种,大体说有这样一些,一种是按作者的行踪(或曰游踪)写,走到哪写到哪,看到什么写什么。陆游的《入蜀记》和徐宏祖的《徐霞客游记》是这种写法的典范之作。这种游记文基本上以时间和所见景物的先后为顺序,其好处是吸引读者随作者一同游览,借助作者的眼光看周围景物。同时,因为这种游记文往往写到作者游览中的情景,所以读者又可看到作者在游览中的种种情态。例如读徐宏祖的《游雁宕山日记》,读者随着他的足迹登上雁宕山峰顶,寻觅宕湖所在。作者写道:"四望自云迷漫一色，平铺峰下。诸峰朵朵，仅露一顶，日光映之，如冰壶瑶界，不辨海陆。然海中玉环（指雁荡山东面海中的玉环岛）一抹，若可俯而拾也。"这里，作者所见也正是读者所见，而且读者本能地站在作者的角度去看眼前的一切，几乎与作者化为一身。但是，当作者不畏艰险，勇敢攀登，被困于悬崖峭壁之上，几乎不得出时，读者又回到自己的位置，看作者的一举一动都仿佛历历在目。一般说，对第一次游览的陌生的地方多用这种写法。

另一种不以行踪为线索，也不一定是某次游览时的所见所闻，而是在对某地了解熟悉的基础上，作综合性的介绍和描写。例如袁宏道的《虎丘记》，就介绍和描写了苏州人中秋之夜游虎丘的盛况，同时介绍了虎丘的一些景致，据作者说："吏吴三载，登虎丘者六。"作者曾六次游览虎丘，对虎丘的情况，包括游人的情况及中秋夜之盛况已经很熟悉。这篇游记实际是对六次游览的综合总结，当然也有选择、有重点。再如欧阳修的《醉翁亭记》，也看不出作者的游踪。可以想见，作者曾多次游览琅邪山，不仅熟悉这里早晚景色的不同，而且熟知四季景色的变化，还熟知滁人游览琅邪山的情景，所以作者才能够全面记述琅邪山及醉翁亭的种种美妙情趣，给读者一个概括的印象。张岱的《西湖七月半》和刘侗的《水尽头》都属此类。与按行踪写的游记文相比，这种游记不以时间为序，而多以空间为序。有时写早如何、晚如何、四季又如何，也仍然是以空间为序的。这种游记文介绍性的特点很突出，可使读者对某地某景某情有一个较全面的了解。这一点，是按行踪写的游记文所无法企及的。按行踪写，作者走哪一条路线，读者就只能了解哪一条路线的情景，作者什么季节去，读者也只能看到这个季节的景色。综合性的写法则可避免这些不足。

以上两种是按作者介绍游览对象的不同方式划分的，若从表达方式的特征分，又可分为写实性为主、抒情写意性为主和说理性为主三种。游记文既然是记述游览中的所见所闻所感所想的，就离不开叙事写景，同时也离不开抒情，所以往往是情景交融，汇为一体，相得益彰。但是，其中总有个以谁为主的问题。我们先看以记实为主的。这类游记文，主要是对客观的自然景观和人文景观作真切、生动的描绘，通过这种描绘，再现大自然的壮美秀丽和人情世态，从而作用于读者的感官。就是说，引起读者兴致和激动的，是作者笔下的大自然本身，而不是其他。柳宗元的《永州八记》，陆游的《入蜀记》，徐宏祖的《徐霞客游记》等都属于这一类。人们读后，引起对小石潭、对袁家渴、对大小孤山、对黄山、对雁荡山、对漓江等强烈的热爱和神往的，不正是作者精心描写的上述自然景观本身那迷人的魅力吗？当然，作者在客观描写景物时，也常常带着强烈的感情色彩，这从字里行间都可体会得到。而有时则还有作者感情的直接间接的抒发，例如柳宗元在《钴鉧潭西小丘记》中，写自己买下小丘后，经过一番收拾，"嘉木立，美竹露，奇石显"，这"嘉""美""奇"就都包含着作者的喜爱之情。而他站在小丘之上，举目四望，"则山之高，云之浮，溪之流，鸟兽之遨游，举熙熙然回巧献技，以效兹丘之下。枕席而卧，则清冷之状与目谋，潜潜之声与耳谋，悠然而虚者与神谋，渊然而静者与心谋"，则是更多地流露出他彼时彼地寄情山水悠然自乐的感情。然而从整体看，它们主要还是写实性的，以客观描写自然景物为自己的主要任务。这种叙事写景以记实为主的游记文占了整个游记文的大部分。

与此相对的是以抒情写意性为主的游记文。这类游记文当然也写景，也可能写得很生动，很引人入胜，但作者的目的主要在抒情，在借景抒情。所以它们主要是以感情来吸引读者、打动读者；读者所欣赏的，也主要是包含在其中的感情美。例如王勃的《滕王阁序》（这是一篇骈体文，广义地看，也是一篇游记），作者固然也用了渲染的笔调写了滕王阁及其周围的景色，其中"落霞与孤鹜齐飞，秋水共长天一色"堪称千古绝唱。但整个文章则是抒发作者自己的情怀的，表达了他非凡的志向和生不逢时的苦闷。因此，作者笔下的客观景物给人一种夸张感、虚幻感，不像徐宏祖笔下的黄山等景观那样，是确实存在并确有其形的；使人觉得只是作者的一种艺术创造，或者说，非常平淡的景物却被作者生花之笔写得神奇罢了。读了《滕王阁序》，读者赞赏的，主要不是景物的美，而是作者写得美，是作者的才华，是作者的情感。如果读者因此渴望去滕王阁一游，也主要是去寻觅当年这位才子的足迹，对滕王阁本身的热情恐怕倒在其次。这与人们读了徐宏祖等人那种以记实为主的游记文因而渴望到某地一游的追求是颇不相同的。

　　以说理为主的游记文也写山水，也写作者游览的情景，但主要目的却不在欣赏山水，而在说明一个道理。例如王安石的《游褒禅山记》和苏轼的《石钟山记》，前者在说明"无限风光在险峰"，唯有有志向、有能力、具备一定物质条件而又能坚持不懈的人方可达到；后者则在说明，凡事不可"臆断其有无"，而应当深入调查，耳闻目睹，方能辨其真伪。这类游记文以议论取胜，寓理于情、景之中，与现在所说的某些杂文颇为接近。在整个游记文中，它们因为具有这种特色而获得了相应的地位。

　　和任何一种体裁的文学作品都有许多种写法一样，游记文的写法也丰富多彩，以上所举，只是一个大概。要全面详尽了解它们的各种写法，那就要多读各类游记文作品。

第二节　古代旅游诗词

■ 旅游诗词与旅游

　　旅游诗词，似乎是个新的名词，它是在我国旅游事业蓬勃发展的今天才提出来的。但在我国古代文学史上，很早就有许多所谓山水文学作品，而其中的诗词的大部分，其实就是现在所说的旅游诗词。

　　古代旅游诗词所描绘的对象是相当广泛的，既有自然景观，也有人文景观，这属于观赏的客体方面；再加上诗人的主观抒情、议论，就使得这些作品更加丰富多彩。可以说，它们是全方位多角度地反映了历代人们的旅游生活。

　　古人说：读万卷书，行万里路。把行路（即旅行）看作和读书同等重要的获取知识的手段。所以，在我国古代，帝王将相、文人学士、商贾僧侣，莫不喜爱出游。其中，诗人词客更是从旅游生活中汲取了丰富的创作营养。他们的生活的积累、知识面的扩展，以及审美观的形成和审美情趣的陶冶、创作题材的开拓、创作灵感的激发，大都不同程度地得益于他们的游历生涯。可以看出，多数的旅游诗词作者，同时也是当时的旅游爱好者，有的还堪称为旅行家。被称为山水诗开山鼻祖的谢灵运，任永嘉太守期间，游遍了永嘉山水。其他著名的诗人如孟浩然、王维、李白、杜甫、自居易、苏轼、陆游、辛弃疾等，虽经历各异，遭遇不同，或宦游、或贬谪、或逃难、或隐居，但却都有丰富的游历生活。诗人们在旅游中接触到的景象各异的大千世界，开阔了他们的视野，为他们提供了丰富的创作素材。于是，他们心有所感，情发乎中，进入了创作过程。可见，旅游生活是旅游诗词的源泉。很难设想没有旅游经历的人，能写出那样情景俱佳的作品来。

另一方面，旅游诗词产生以后，又为山川胜迹增辉添彩，使之声名远播，大大提高了知名度。正如现代作家郁达夫的《咏西湖》诗所说："楼外楼头雨似酥，淡妆西子比西湖。江山也要文人捧，堤柳于今尚姓苏。"这种经过"文人捧"而扬名天下的名胜地，在我国比比皆是。人间天堂的苏杭，山水甲天下的桂林，名山中的泰山、黄山、庐山，江河中的长江三峡，著名的江南名楼黄鹤楼、岳阳楼、太白楼，古都西安的大雁塔、华清宫，三国古战场的赤壁等，无一不是和著名的诗人以及他们的名篇联系在一起。而后人读到前人的优美诗篇，又往往追寻遗踪前往一游，游览之后也常效仿前人创作新的诗词来抒发感情。因此，越是名胜地旅游诗词越多，从而又吸引了更多的游客。这种旅游和旅游诗词相互促进的情况，屡见不鲜。名家名诗名胜，交相辉映，成为我国许多旅游胜地的一大文化特色，也是我国旅游资源吸引游客的魅力和优势所在。

我国的旅游资源极其丰富，既有众多著名的天然美景，又有数量惊人的文物遗存，还有各地方各民族独具特色的民俗风情，这些都是发展现代旅游业的重要的自然和文化资源。近十年来，我国旅游业的发展，首先就是从利用现有的旅游资源入手的，这是简便可行且有效的方法。但由于条件所限，这几年所做的多半是恢复、修缮那些久享盛名的园林、寺庙等建筑的旧观，使之保存下来，继续发挥作用。而对旅游诗词等文学因素以及其他方面的开发利用，则尚且不够。当前，面对着国内外游客激增的新形势，原有的景区、景点已远远不能满足要求，需要建设更多新的游览区。在这方面，旅游诗词可以发挥它更加积极的作用。

从各种典籍书刊中，把附丽在待开发景区、景点上的古代旅游诗词发掘整理出来，深入研究，充分利用，使选景布点更具优美的意境，将会锦上添花。郑州北邙山新建黄河游览区，在上山的半路上设置了一个诗牌，写的是王之涣的《登鹳雀楼》诗，这种移植的做法，也许是个成功的尝试。常建的《题破山寺后禅院》的诗句"竹径通幽处，禅房花木深"，是对前代建筑格局的总结，而对今天的园林建筑及旅游景点建设也具有指导意义。在园林的水路景致布局中，柳宗元的诗句"江流曲似九回肠"，也可以启示今人讲究曲折幽深、宛转逶迤，渐入佳境。

在开发游览区中，要设计相应的旅游项目、旅游路线，要编写导游词、解说词等，在这些方面，旅游诗词也大有用武之地。如在苏州寒山寺组织外国游客除夕之夜的"撞钟游"，就是利用张继诗中"夜半钟声到客船"所创造的意境去吸引游客，据说很受日本友人的欢迎。在许多景点，导游员、解说员向游客讲解时，适当引用古代旅游诗词中的优美诗句，也可以改变那种干巴巴说教的情况，收到良好的效果。

■ 古代旅游诗词的范围

古代旅游诗词，其范围大致包括：大部分山水诗词，一部分田园诗词、边塞诗词和咏史怀古诗词等。山水诗词是它的主要组成部分。下面，对这几类旅游诗词作一简要的介绍。

山水诗词

以山川湖海的自然风光景物作为主要描写对象。从它们的内容和艺术风格看，又可分为两类。

　　一类描写雄伟壮丽的山川景物，表现了它们的阳刚之美（或曰壮美）。这类作品多半写得气势磅礴，豪迈高远，意境开阔。如曹操的《观沧海》，李白的《蜀道难》《梦游天姥吟留别》等著名诗篇，都属此类。李白写庐山瀑布："飞流直下三千尺，疑是银河落九天"；陆游写瞿塘峡："四月欲尽五月来，峡中水涨何雄哉！浪花高飞暑路雪，滩石怒转晴天雷"；元好问写黄华山瀑布："雷公怒激散飞雹，日脚倒射垂长虹。骊珠百斛供一泻，海藏翻倒愁龙公"。这些诗篇诗句，以其丰富奇特的想象、极度大胆的夸张，甚至借助于神话传说来驰骋幻想，表现了诗人的豪情壮怀，有一种激荡人心的魅力。

　　另一类描写优美秀丽的湖光山色，表现了它们的阴柔之美（或曰优美）。这类作品以清新纤巧、俊逸淡雅、富于诗情画意见长。王维写辋山别墅的山水诗，把眼前小景写得栩栩如生；韩愈的"江作青罗带，山如碧玉簪"，极好地概括了桂林漓江的山水美景，成为桂林山水的定评；白居易的《春题湖上》和《钱塘湖春行》，是咏写西湖的名篇；苏轼的《饮湖上初晴后雨》更为出色，并使西湖获得了西子湖的美名。在这些诗中，大自然的清幽景致表现得新颖生动，使人宛如身临其境，而陶醉于其中。

田园诗词

　　题材多为田园风光、农家生活。惯用白描手法，风格平淡自然，表现出恬静淳朴、令人怡然自得的田园乐趣。

　　介绍田园诗应当首先提及陶渊明，他的某些以描写田园风光为主的田园诗，似可归入旅游诗词一类。在他之后的孟浩然、王维、杨万里、范成大等，选材、风格相近，形成独具一格的田园诗派。如孟浩然的《过故人庄》，以及范成大《四时田园杂兴》中的部分小诗，写农村优美的景色和农家生活，真挚自然，生活气息浓郁，给人以深刻的印象。在词中也有不少描写田园风光的，如像辛弃疾这样的豪放派词人，在被迫退隐之后，也写下了田园小词《清平乐·茅檐低小》，在题材和风格上，和田园诗一脉相承。

边塞诗词

这类作品描绘的是塞外的草原大漠风光和边地民族游牧的生活，以及戍守边塞的军旅征战场景，往往写得悲壮苍凉，富于奇情异彩。

北朝的《敕勒歌》，可以说是边塞诗的范本。这首诗出色地描绘了辽阔苍茫的草原风光，也反映出北方边地民族游牧的生活。全诗一气呵成，有很强的艺术感染力，被誉为"千古绝唱"。盛唐边塞诗人笔下的塞外风光，别是一番景象。如岑参写荒沙大漠："轮台九月风夜吼，一川碎石大如斗，随风满地石乱走"；写火山："火山突兀赤亭口，火山五月火云厚，火云满天凝未开，飞鸟千里不敢来"。这些诗句，色彩浓烈，气势奔放，呈现出奇特而雄伟的塞外图景，令人惊叹。以他和高适为代表，形成一个边塞诗派。后来，范仲淹的《渔家傲·秋思》词等，也明显具有唐代边塞诗的风格。

咏史怀古诗词

我国历史悠久，名胜古迹不胜枚举。历代诗人所写的这类诗词，常常是他们在名胜之地登临凭吊、发思古之幽情的作品。

著名的如崔颢抒发怀土恩乡之情的《黄鹤楼》，从昔人、黄鹤的传说着笔，又写眼前晴川草树的实景，而以日暮怀归作结。写得韵味悠远，令人引起无限遐思。刘禹锡《金陵五题》中的《石头城》《乌衣巷》《台城》等篇，以当年六朝古都的豪华与现实的荒凉颓败作比，诗人吊古伤今的感慨寄寓于景物描写之中，是著名的怀古佳作。后来，萨都剌的《满江红·金陵怀古》、高启的《登金陵雨花台望大江》等，都是写同一题材的怀古名篇。三国的赤壁，是著名的古战场。杜牧的《赤壁》、苏轼的《念奴娇·赤壁怀古》、赵翼的《赤壁》，仿佛在人们眼前展开一幅幅赤壁鏖战的历史画卷，尤其是苏轼的这首词，更使本来不是赤壁的黄州赤鼻矶得到了"文赤壁"的雅号。

值得注意的是，上述几类诗词中，山水诗词的大部分可归属于旅游诗词，但田园诗词、边塞诗词、咏史怀古诗词中却只有一部分可视为旅游诗词。至于一首诗词究竟是否属于旅游诗词，主要是看风光景物的描写在具体诗词中的比重和地位，及其写景的角度等。

■ 古代旅游诗词概观

在我国文学史上，旅游诗词的几个组成部分是源远流长的。但它们却又不是同时产生的，而是分别出现在不同时期。山水诗词是古代旅游诗词的主要部分，因此，这里着重简介山水诗词的概况，而间或涉及田园诗词等。

早在我国第一部诗歌总集《诗经》中，就有不少涉及山水或以山水起兴的诗句。如集中首篇《关雎》第一句"关关雎鸠，在河之洲"，就是从眼前景物写起的。又如《采薇》中的"昔我往矣，杨柳依依。今我来思，雨雪霏霏"，把感情融注到景物中去，确有强烈的感染力量。此外，如《崧高》中的"崧高维岳，峻极于天"，《伐檀》中的"河水清且涟漪"等，也都是极好的写景佳句。它们尽管都是些片断

▲ 屈原像

描绘，却可以说是古代山水诗的最初源头。

我国第一个浪漫主义诗人屈原，也写出许多生动优美的山水诗句。他不是带着闲情逸致去欣赏山水，所写自然景物，往往是为了烘托环境，表明自己放逐后的凄凉愁苦的心绪。如《涉江》中写道："深林杳以冥冥兮，乃猿狖之所居。山峻高以蔽日兮，下幽晦以多雨。霰雪纷其无垠兮，云霏霏而承宇。"这种深山崇岭的自然环境，正表现了诗人当时的处境和心情。他的这类佳句，为后代山水诗的创作和发展，提供了良好的艺术经验。

两汉乐府诗和《古诗十九首》中也有若干写景佳句。其中乐府民歌《江南》一诗，把游鱼在莲叶下轻快游动嬉戏的情景，写得极为生动。但直到这时，也还没有成篇的山水诗作，而多半是一些诗句或片断。

到了汉末建安，曹操有一首《观沧海》，写出大海壮阔雄伟的景象，被认为是我国诗史上第一首完整的山水诗。诗中写登山望海，既有山岛草树，又有秋风洪波，大海吞吐日月，包孕星汉，写得气势雄健，是历来传诵的名篇。同时代的其他建安诗人，也有一些山水诗问世。

东晋时代，陶渊明辞官归隐，创作了不少田园牧歌式的诗作，独树一帜，开创了田园诗派。他现存的诗中，最为人们称道的，也大多是这些吟咏农村景色和村居生活的作品。这些诗，平淡自然，既描绘了农村的优美景色，又表现了诗人自由、恬静的心情，和对田园生活的向往，最能代表其风格的诗句"采菊东篱下，悠然见南山"，就具有独特的意境美，富于浓厚的生活情趣。

南北朝时期，随着人们对自然认识的觉醒，山水诗逐步取代了玄言诗，这是诗歌创作的一个重大变化。谢灵运，是文学史上第一个扭转"淡乎寡味"的玄言诗风，开创山水诗派的诗人。他用富丽精工的语言创作了大量的山水诗，但名篇不多，名句不少。如："池塘生春草，园柳变鸣禽""野旷沙岸净，天高秋月明""春晚绿野秀，岩高白云屯"等，都真实而生动地写出自然界的美景，给人以清新可爱之感，代表了他山水诗的高度艺术成就。这一时期的鲍照、谢朓、庾信等人的创作，又进一步确立了山水诗的地位。

唐朝，是我国文学发展史上的鼎盛时代。尤其是诗歌，更取得了辉煌的成就。其中山水诗、田园诗、边塞诗、咏史怀古诗都相继涌现出一批著名诗人，并且有许多流传千古的名篇。

初唐四杰和陈子昂、张若虚等，是唐代创作山水诗的一批先驱人物。

盛唐时期，出现了以王维、孟浩然为代表的致力于描写山水风光、隐居生活的山水田园诗派。孟浩然是唐代大量创作山水田园诗的第一个诗人。他的《望洞庭湖赠张丞相》一诗历来传诵，其中"气蒸云梦泽，波撼岳阳城"，写出洞庭湖壮丽雄伟的景色，很有气魄。他还有不少写吴越和故乡襄阳等地名胜景物的山水诗。但孟浩然更长于描写山林隐逸、田园幽居的情景，那种恬淡孤清的风格，和陶渊明颇为相近。

王维多才多艺，诗画俱佳，有许多"诗中有画"的好诗，艺术成较高，显示了这一诗派在唐代的重大发展。他的山水诗，有的气魄宏大、意境开阔，如《汉江临泛》《终南山》；有的刻画细腻、意境优美，如著名的《辋川集》绝句中的《鹿柴》《竹里馆》以及名诗《山居秋暝》等，写他在蓝田辋川别墅充满闲情逸致的生活，对自然界景物作了精细的描绘，给人以美的感受。

这一诗派中还有储光羲、刘长卿等诗人。

盛唐时期，还出现了以岑参、高适为代表的致力描写边塞风光、军旅生活的边塞诗派。岑参的边塞诗题材广泛，如写大漠风沙、天山雪、火山云、热海水等，想象丰富，气势磅礴，充满奇情异彩。其写八月飞雪的名句——"忽如一夜春风来，千树万树梨花开"，脍炙人口。

他的代表作有：《走马川行奉送出师西征》《白雪歌送武判官归京》等。

这一诗派中的王之涣、李颀、王昌龄、崔颢、王翰等，也很有名。

李白"一生好入名山游"，放情山水，漫游天下，足迹遍及大半个中国，写有大量优秀的山水诗篇。他的诗，对峨眉山、三峡、蜀道、庐山、天姥山、九华山、泰山、黄河等，都作了精美无比的描绘和歌咏。他不仅以豪放雄壮的风格表现大自然的阔大雄奇，也以清新俊逸的风格表现它的明媚秀丽。名篇有《望庐山瀑布》《望天门山》《早发白帝城》《登金陵凤凰台》等。可以说，李白是我国古代最杰出的山水诗人。

杜甫长期漂泊，也写了许多山水诗，这是他诗歌创作的一个突出成就。他曾流寓蜀中的夔州，写有《夔州歌十绝句》及著名的《秋兴》《登高》等许多杰作，把三峡的山水、草木、花露、江雨、夕照、峡月……一一摄入诗篇之中。他的著名山水诗篇还有《望岳》《登岳阳楼》等。

稍后于杜甫的诗人，张继有《枫桥夜泊》、韦应物有《滁州西涧》等，皆属名篇。

中唐时期，白居易是大量创作山水诗的著名诗人。最著名的是咏写西湖的诗，如"几处早莺争暖树，谁家新燕啄春泥。乱花渐欲迷人眼，浅草才能没马蹄"，用白描手法，以莺燕花草的情态刻画早春景象，新颖自然，表现出早春的无限生机和作者的喜悦之情。他的《游悟真寺（一百三十韵）》，可说是诗的游记。它描写了五天的游山过程，把山中所见美景按游览次序曲折如实地表达出来。这种以游记文手法入之于诗的写法，是前所未有的。

刘禹锡以咏史怀古诗闻名，其中尤以《金陵五题》对后人影响更大。朱、元间诗人的金陵怀古诗，多化用他的意境词语。他的这些诗中，写景善用对比手法，不作抽象议论，而把自己对故国萧条、人生凄凉的深沉感伤融合到景物中去。他学习民间歌谣改写创作的《竹枝词》《浪淘沙》《踏歌词》中的一些诗，写山水景物，也清新爽朗、自有特色。

晚唐山水诗人，以杜牧成就最高。他的诗，写景抒情都很出色，颇受推崇。如著名的《江南春》《山行》《泊秦淮》等，写景辞采清丽，含有豪爽俊逸的情调，具有深远的意境。他的咏史怀古诗也很有名。如《过华清宫三绝句》《赤壁》，寓意精深，含蓄有力。

中唐到晚唐，写山水诗较有成就的还有孟郊、贾岛、李贺、李商隐、温庭筠等，他们也有若干名句佳篇。

宋初，王禹偁、梅尧臣、苏舜钦的写景小诗，取得一定成就。范仲淹、欧阳修、王安石等，都写过山水诗词及边塞诗词，在题材和意境上有新的开拓。

宋代，词的创作盛极一时。以山水为题材是其中一个重要方面。柳永是北宋第一个着力写词的作家。他的词，多从都市风光、市民生活获取题材，如著名的《望海潮》写了杭州"市列珠玑，户盈罗绮"的豪奢景象和西湖"三秋桂子，十里荷花"的清丽风光。

苏轼的诗词都有很高成就。他的诗中，数量最多、影响最大的是描写自然景物、抒发情怀的篇章。他善于再现自然界的美景，如"水光潋滟晴方好，山色空濛雨亦奇"，把西湖的景物变幻，由晴转雨的鲜明形象写得淋漓尽致。他还有多首描写杭州、西湖的诗，如《六月二十七日望湖楼醉书》《望海楼晚景》《有美堂暴雨》等。他的词具有更大的创造性，开创了豪放一派。"大江东去"一句最能代表他的风格。这首词中写赤壁景物："乱石穿空，惊涛拍岸，卷起千堆雪"，把江涛描绘得无比壮美，烘托出古战场的雄壮景色。他的某些词中的景物描写，境界都十分开阔。如"一千顷，都镜净，倒碧峰"，"夜阑风静欲归时，惟有一江明月碧玻璃"等。

尔后，江西诗派的黄庭坚、陈师道等也写有山水诗，而秦观、周邦彦等则有写景词。

南宋女词人李清照的写景词，展现了婉约派的风格。如她追记一次春日郊游的小令《如梦令》，用白描手法，写得活泼真率，表现了作者欢快的心情。《怨王孙》则写暮秋时节，湖光山色"无穷好"，感情也充满愉悦。

张孝祥，词风接近苏轼。如著名的《念奴娇·过洞庭》，通篇景中见情，笔势雄奇，不仅将湖光月色交相辉映的壮丽景色写得突出，抒发个人情怀也充满神奇的幻想。

爱国诗人陆游，也擅长写自然景物。《瞿塘行》《过灵石三峰》《剑门道中遇微雨》《临安春雨》等，都写得清新逼真，诗意盎然。身边景物、生活中的感情，都栩栩如生地展现在读者面前。他还有写山村风光、田园生活的诗，如《游山西村》，生动地描绘出色彩明丽的农村风光和淳朴的农村生活习俗，又洋溢着作者的喜悦、挚爱之情。其中第二联"山重水复疑无路，柳暗花明又一村"，是千古传诵的名句。

范成大以写田园诗著称，有著名的《四时田园杂兴》六十首，其中有的描写了农村优美的自然景色，如"梅子金黄杏子肥，麦花雪白菜花稀。日长篱落无人过，惟有蜻蜓蛱蝶飞"，宛如一幅美妙的农村田野风景画。还有写在场院打稻，以及耘田、绩麻、种瓜等农事活动的。这些诗和陶渊明、孟浩然的田园诗一样，写得平淡自然，清新活泼。

辛弃疾，擅长写登临怀古的词作。在描写山水名胜中抒发自己的情怀。他又有一些词反映了农村的风光景象，如《清平乐·茅檐低小》《西江月·夜行黄沙道中》和《鹧鸪天·陌上柔桑破嫩芽》等，写出了农村清新的景色，以及自然、宁静的农村生活情调。

金代，元好问的山水诗很有特色。如《游黄华山》《泛舟大明湖》，写出了山川之美,又内容丰富,气势豪迈,艺术成就较高。他的写景词,声情激越,接近苏、辛一派。如《水调歌头·赋三门津》,描绘了黄河三门峡的壮丽景象。

元代,萨都剌的诗多写塞外风光,别开生面。词多怀古之作,词风雄健,成就比诗高。《满江红·金陵怀古》是他的名作,这首词在山光水色的描摹中寄托了作者的怀古之思、沧桑之感。

明代,高启的咏史怀古诗《登金陵雨花台望大江》,风格雄健豪放,意境开阔,最能代表他的风格特色。诗人以沉雄、悲壮的笔调描绘了祖国山河的壮丽,抒发了激动的心情。全诗波澜壮阔,一气呵成,怀古而不感伤,用典切合时地,也表达了对祖国统一的喜悦。

于谦有不少山水田园之作,如《夏日忆西湖风景》《交城道中》《暮春客途即景》等,诗风朴素流畅、平易自然。他还有若干首边塞诗。

文征明、唐寅等明代吴中诗人,也有一些山水诗作,表现的是江南风物情趣。

清初,王士祯的诗作多描绘山水景色,意境淡远,语言典丽流畅。如《真州绝句》《江上》《登六榕寺浮图》等,都写得清新自然。

纳兰性德工于写词,写景咏物,感情真挚。如《长相思》写北方雪夜景色,抒发旅人的离情别绪,真切感人;《浣溪沙》写梅雨江南,山水如画,自然清婉。

袁枚喜爱山水田园,写诗追求真率自然,风格清新灵巧。如《同金

▲ 纳兰性德像

十一沛恩游栖霞寺望桂林诸山》《游风洞登高望仙鹤、明月诸峰》等，写得清丽流畅，别有特色。

近代，魏源作有大量山水诗。不少篇章形象生动，清新活泼。如《湘江舟行》（六首）和《天台石梁雨后观瀑歌》《三湘棹歌》，是他山水诗中具有代表性的作品。

康有为的山水诗，多即景抒怀，想象丰富奇特，用语瑰丽自然，表现力很强，手法也较多变化。如《过昌平城望居庸关》《庐山谣》《泛漓江至桂林》《将至桂林望诸石峰》等。

 **知识链接**

客舟唱咏与驿壁题诗

客舟唱咏与驿壁题诗，是文人旅游中极其惯见的事。杜甫《秋日夔府咏怀奉寄郑监李宾客一百韵》诗中写道：

东郡时题壁，南湖日扣舷。

远游凌绝境，佳句染华笺。

"扣舷""题壁"，已经成为旅游活动中最普遍的文化生活形式。

题壁，是古代旅游中的文化人抒发胸怀、交流情感的一种特殊形式。如杜甫《清明》诗曾写到临视壁上宋之问题诗遗迹时的感受："宋公放逐曾题壁，物色分留与老夫。"

题壁诗超越时间与空间的隔限而实现情感交汇的作用，可以说形成了中国文化史的特色之一。

至于陆游诗中所谓"山腰细栈移新路，驿壁流尘暗旧题"（《感昔》），"道左忽逢曾宿驿，壁间闲看旧留题"（《客怀》）则是另一种情形，诗人自吟往日壁题，难免感昔怀旧。驿壁题诗，于是又具有人生道路上里程碑式的纪念意义。

杜甫诗所写到的"远游临绝境，佳句染华笺"，说明了一种带有规律性的文化现象。新鲜生动、丰富多彩的旅游生活，可以激发才华，使文思兴奋。旅游中，山川风云又可以使旅游者获得难以估价的精神洗礼。游历山川，可以开阔游历者的胸怀，充实他们的心域，感染他们的品性，激发他们的才智，使他们的文化创作达到新的境界。

图片授权

全景网

壹图网

中华图片库

林静文化摄影部

敬　启

　　本书图片的编选，参阅了一些网站和公共图库。由于联系上的困难，我们与部分入选图片的作者未能取得联系，谨致深深的歉意。敬请图片原作者见到本书后，及时与我们联系，以便我们按国家有关规定支付稿酬并赠送样书。

　　联系邮箱：932389463@qq.com

参考书目

1. （宋）张世南，李心传撰，张茂鹏，崔文印点校．游宦纪闻·旧闻证误．北京：中华书局．1981
2. （战国）韩非．韩非子．上海：上海古籍出版社．1989
3. 章必功．中国旅游史．昆明：云南人民出版社．1992
4. 于非．中国古代文学作品选．北京：高等教育出版社．2013
5. ［意］马可·波罗著，［英］马斯登译．马可波罗游记．北京：外语教学与研究出版社．1998
6. （西汉）司马迁．史记．长沙：岳麓出版社．2001
7. 彭勇．中国旅游史．郑州：郑州大学出版社．2006
8. （南朝）刘义庆．世说新语．扬州：江苏广陵书社有限公司．2009
9. （唐）玄奘．大唐西域记．沈阳：万卷出版公司．2009
10. 姜光斗．中国古代文学．上海：华东师范大学出版社．2009
11. 王淑良．中国旅游史．北京：旅游教育出版社．2009
12. 张天来，王淑良．中国旅游史．北京：旅游教育出版社．2010
13. 巫仁恕，狄雅斯．游道——明清旅遊文化．台湾：三民书局．2010
14. 毛德富等注译．世说新语．郑州：中州古籍出版社．2010
15. 郑向敏．中国古代旅馆小史．北京：学习出版社．2011

16. 柯玲. 中国民俗文化. 北京：北京大学出版社. 2011
17. 谢贵安. 中国旅游史. 武汉：武汉大学出版社. 2012
18. （明）罗懋登著，苏尚耀改. 郑和下西洋. 北京：人民文学出版社. 2012
19. 徐正英，常佩雨 译注. 周礼. 北京：中华书局. 2014
20. 王秀梅译注. 诗经. 北京：中华书局. 2015

中国传统民俗文化丛书

一、古代人物系列（13本）
1. 中国古代乞丐
2. 中国古代道士
3. 中国古代名帝
4. 中国古代名将
5. 中国古代名相
6. 中国古代文人
7. 中国古代高僧
8. 中国古代太监
9. 中国古代侠士
10. 中国古代幕僚
11. 中国古代皇后
12. 中国古代士人
13. 中国古代华侨

二、古代民俗系列（10本）
1. 中国古代民俗
2. 中国古代玩具
3. 中国古代服饰
4. 中国古代丧葬
5. 中国古代节日
6. 中国古代面具
7. 中国古代祭祀
8. 中国古代剪纸
9. 中国古代鞋帽
10. 中国古代生肖文化

三、古代收藏系列（16本）
1. 中国古代金银器
2. 中国古代漆器
3. 中国古代藏书
4. 中国古代石雕
5. 中国古代雕刻
6. 中国古代书法
7. 中国古代木雕
8. 中国古代玉器
9. 中国古代青铜器
10. 中国古代瓷器
11. 中国古代钱币
12. 中国古代酒具
13. 中国古代家具
14. 中国古代陶器
15. 中国古代年画
16. 中国古代砖雕

四、古代建筑系列（12本）
1. 中国古代建筑
2. 中国古代城墙
3. 中国古代陵墓
4. 中国古代砖瓦
5. 中国古代桥梁
6. 中国古塔
7. 中国古镇
8. 中国古代楼阁
9. 中国古都
10. 中国古代长城
11. 中国古代宫殿
12. 中国古代寺庙

五、古代科学技术系列（15本）
1. 中国古代科技
2. 中国古代农业
3. 中国古代水利
4. 中国古代医学
5. 中国古代版画
6. 中国古代养殖
7. 中国古代船舶
8. 中国古代兵器
9. 中国古代纺织与印染
10. 中国古代农具
11. 中国古代园艺
12. 中国古代天文历法
13. 中国古代印刷
14. 中国古代地理
15. 中国古代地方志

六、古代政治经济制度系列（16本）
1. 中国古代经济
2. 中国古代科举

3. 中国古代邮驿
4. 中国古代赋税
5. 中国古代关隘
6. 中国古代交通
7. 中国古代商号
8. 中国古代官制
9. 中国古代航海
10. 中国古代贸易
11. 中国古代军队
12. 中国古代法律
13. 中国古代战争
14. 中国古代衙门
15. 中国古代外交
16. 中国古代盐文化

15. 中国古代饮食
16. 中国古代娱乐
17. 中国古代兵书
18. 中国古代哲学
19. 中国古代宗祠
20. 中国古代奇案
21. 中国古代旅游
22. 中国古代家风
23. 中国古代地名
24. 中国古代家谱与年谱
25. 中国古代名字与别号
26. 中国古代墓志铭

七、古代文化系列（26本）

1. 中国古代婚姻
2. 中国古代武术
3. 中国古代城市
4. 中国古代教育
5. 中国古代家训
6. 中国古代书院
7. 中国古代典籍
8. 中国古代石窟
9. 中国古代战场
10. 中国古代礼仪
11. 中国古村落
12. 中国古代体育
13. 中国古代姓氏
14. 中国古代文房四宝

八、古代艺术系列（12本）

1. 中国古代艺术
2. 中国古代戏曲
3. 中国古代绘画
4. 中国古代音乐
5. 中国古代文学
6. 中国古代乐器
7. 中国古代刺绣
8. 中国古代碑刻
9. 中国古代舞蹈
10. 中国古代篆刻
11. 中国古代杂技
12. 中国古代民间工艺